Richard Neubersch

FUNKSTILLE

Richard Neubersch

FUNKSTILLE

Ein Selbsthilfebuch zum
Überleben im Strahlendschungel

J.K.Fischer
Verlag

Originalausgabe
05/2020

Im Mannsgraben 33
63571 Gelnhausen Hailer
Tel.: 0 60 51 / 47 47 40
Fax: 0 60 51 / 47 47 41

Besuchen Sie uns im Internet unter
www.j-k-fischer-verlag.de

Die Einschweißfolie besteht aus PE-Folie und ist biologisch abbaubar.
Dieses Buch wurde auf chlor- und säurefreiem Papier gedruckt.

Layout, Satz/Umbruch, Bildbearbeitung:
Lettero Verlagsservice, Rheine, www.lettero.de
Druck & Bindung: FINIDR, s.r.o.
ISBN 978-3-96850-037-9

Inhalt

Ein Vorwort

Eine lange Zeit meines Lebens, nämlich ziemlich genau 18 Jahre lang, arbeitete ich als Immobilienberater in der Algarve. Es war meine selbsterwählte Aufgabe, die schönsten Villen und Apartments in einer der begehrtesten Golfanlagen Europas zum Kauf anzubieten.

Schnell wurde mir klar, dass all die Informationen, die meine Kunden in den drei bis sechs Stunden, die wir vielleicht zusammen waren, von mir zu hören bekamen, viel zu umfangreich und verwirrend waren. Also entschied ich mich, eine umfangreiche Informationsschrift zu erstellen, der ich den Namen »Spezialreport« gab. Hier konnte man alle notwendigen Informationen wie jährliche Unterhaltskosten, Grundsteuern, Einzelheiten zu Golfclubmitgliedschaften und vieles mehr jederzeit nachlesen. Es war schwarz auf weiß erfasst und sorgte somit für Sicherheit und Vertrauen bei meinen Kunden.

Der Spezialreport wurde alle drei bis vier Jahre neu aufgelegt und hatte sich schnell zum kompetenten Wegweiser für Käufer und Verkäufer gleichermaßen entwickelt.

So soll auch dieses Buch eine Informationsschrift sein, deren Aufgabe es ist, dem Leser einen Einblick in die Hintergründe der Formenwelt und das Verständnis für die Funktionsweise von Swiss Harmony zu ermöglichen.

Bitte beachten Sie dabei, dass dieses Buch keinen wissenschaftlichen Anspruch hat. Wenn auch viele der von mir gemachten Aussagen wissenschaftlich belegbar sind, habe ich darauf verzichtet, Referenzen anzugeben, weil es mir nicht darum geht, etwas zu beweisen oder Sie von etwas zu überzeugen. Wenn Sie selbst an der einen oder anderen Textstelle den Impuls haben, zu recherchieren, bietet Ihnen das Internet viel mehr Informationen, als ich sie Ihnen hier in Referenzform anbieten könnte. Am Ende des Buches werde ich Ihnen allerdings eine Liste einiger Bücher und Webseiten anbieten, die Ihnen bei der Suche nach Ihrer eigenen Wahrheit behilflich sein könnten.

Funkstille

Die Idee zu dem vorliegenden Buch kam mir schon vor einigen Jahren, weil ich glaubte, alles im Zusammenhang mit Elektrosmog und der Technologie von Swiss Harmony in einem umfassenden Werk veröffentlichen zu müssen. Inzwischen gibt es jedoch bereits sehr viele Bücher und erstklassige Webadressen zum Thema Elektrosmog, sodass ein weiteres Buch dieser Art unnötig geworden ist.

Doch trotz allem war der Impuls, ein Buch zu schreiben, nicht eingeschlafen, sondern wurde eher stärker und verdichtete sich in der Absicht, einen geistigen Überbau für meine Firma Swiss Harmony International GmbH zu schaffen.

Der Titel Funkstille ist doppeldeutig insofern, als Funkstille zur Sehnsucht vieler extrem elektrosensibler Menschen geworden ist. Die äußere Funkstille würde aber auch den meisten anderen gesundheitliche Entlastung bringen. Die allseits vorhandenen Hochfrequenzen stellen für unsere Gesellschaft nämlich eine enorme Belastung dar, die den meisten Menschen jedoch aus Gründen, die ich später ausführen werde, nicht bewusst sind.

Die andere Bedeutung des Titels bezieht sich auf die innere Funkstille. Erst als ich gelernt hatte, mein Denken bewusst zu lenken bzw. weitestgehend abzuschalten, war es mir möglich, meine innere Stille zu spüren und mit dem Teil in mir zu verschmelzen, den ich mein göttliches Selbst nenne. Später fiel mir auf, dass ich umso tiefer in meinen inneren Kern eintauchen konnte, je mehr ich mich von all dem erlernten Wissen und den übernommenen Denkmustern befreien konnte.

Einen ganz wesentlichen Beitrag leistet die innere Funkstille in Bezug auf den Untertitel, wenn es ums Überleben im Strahlendschungel geht. Wer keine Kontrolle über seine Gedanken hat und sie nicht kurzzeitig abstellen kann, wird Schwierigkeiten haben, sich als göttliches Wesen zu erkennen. Dieses Buch soll Ihnen ein Wegweiser sein, wenn Sie den Wunsch haben, sich aus den Denk- und Verhaltensmustern unserer Gesellschaft zu lösen. Jeder Einzelne hat die Freiheit, sich zu entscheiden, ob er fremdgesteuert bleiben oder sein Leben selbst in die Hand nehmen will.

Wenn in meinem Buch die Rede von Gott ist, setze ich voraus, dass Sie, liebe Leserinnen und Leser, differenzieren können und wissen, dass ich damit nicht jene kosmische Schöpferkraft meine, wie sie in allen Religionen mit unterschiedlichen Namen bezeichnet wird. Der Gottesbegriff, den ich in diesem Buch verwende, ist religionsfrei, allumfassend und existiert in allem und jedem. Ich werde Ihnen meine Sichtweise zu diesem Thema in verschiedenen Kapiteln noch deutlich und differenziert vorstellen. Ich will damit weder provozieren noch missionieren, sondern Ihnen lediglich eine Alternative zu den prägenden Denkmustern unserer Gesellschaft anbieten.

Und das Wichtigste hierbei ist, dass das, was mit diesem Begriff umschrieben wird, auch in Ihnen und in Ihrem Herzen lebt, ganz gleichgültig, wie Sie es benennen.

Dieses Buch hat die Aufgabe, Ihnen meine Gedanken und Erkenntnisse in Bezug auf die Metamorphose der Menschheit in Zeiten hochfrequenter Vernetzung zu vermitteln. Vielleicht gehen Sie mit seinen Inhalten in Resonanz und entdecken tief liegende, bisher unerkannte Sehnsüchte wieder, die ich nur für Sie formuliert habe. Das würde mich glücklich machen, weil ich weiß, dass ich damit Anstöße geben durfte, die Sie möglicherweise in Ihr ganz persönliches Lebensglück führen können.

Ob dies so sein wird, liegt dabei ganz bei Ihnen, denn ob Sie es nun wissen oder nicht: Wie jeder von uns sind Sie alleine der Schöpfer Ihrer gelebten Realität, und nur Sie können Ihre Realität verändern. Warten Sie nicht auf Rettung von außen, auf den großen Erlöser! Sie selbst sind Ihr großer Erlöser! Sie haben alles Notwendige in sich, und Sie werden es erkennen, sobald Sie sich von dem Müll übernommener Überzeugungen und Konzepte befreit haben und Ihre ganz persönliche, göttliche Wahrheit leben.

Dieses Buch könnte Ihr Denken auf den Kopf stellen, Sie provozieren und in die tiefsten Schichten Ihres Selbst führen.

Wenn Sie es zulassen.

Ich lade Sie ein, dieses Buch nicht gleich beim ersten Widerstand in die Tonne zu werfen, sondern einen Moment innezuhalten und sich zu fragen, was sich verändern könnte, wenn Sie alles hier Geschriebene zunächst einmal für möglich halten.

Lesen Sie möglichst unvoreingenommen und vorurteilsfrei. Versuchen Sie, die Inhalte wie eine Jacke anzuprobieren. Wie fühlt sie sich an? Die Jacke zu tragen, heißt noch lange nicht, sich mit ihr identifizieren zu müssen. Sie können sie jederzeit ablegen und ihre alte Jacke wieder überziehen. Ihre alte Jacke. Wissen Sie noch, wo sie herkommt? Ist es vielleicht so, dass Sie die Jacke Ihres Vaters oder Ihrer Mutter geerbt haben und sie auftragen? Haben Sie etwa die Absicht, sie Ihren Kindern zu vermachen? Oder ist Ihre alte Jacke eine Art Patchwork-Jacke, aus den unterschiedlichsten Meinungen gewoben, mal dicht, mal grob, mal bunt, mal schwarzweiß. Hängt sie vielleicht sogar schon in Fetzen an Ihnen herab, weil sie an Substanz verliert?

Vielleicht ist es ja an der Zeit, dass Sie sich Ihre eigene Jacke zulegen. Eine Jacke, die Ihrer wahren, inneren Größe entspricht, Ihrem gesunden Menschenverstand, Ihrer Intelligenz, Ihrer Intuition, Ihrer inneren Wahrheit.

Ich lade Sie ein, sich von allem Wissen, das Sie begründeterweise zu haben glauben, zu lösen und sich vorzustellen, dass Sie bis heute mit Überzeugungen gelebt haben, die Sie daran gehindert hatten, Ihre eigene, heilende Wahrheit zu erkennen.

Bitte fragen Sie sich:

»Ist es nicht so, dass ich all mein Wissen aus dritter Hand erhalten und meine eigene Wahrheit dadurch unterdrückt habe? Wer oder was bin ich dann wirklich?«

Die Rollen, die wir spielen

Erkennen Sie, dass Sie bis heute eine Palette der unterschiedlichsten Rollen gespielt haben?

Für mich persönlich war diese Erkenntnis ein wahrer Schock, der dazu führte, dass ich mich völlig orientierungslos in einer Identitätskrise wiederfand. Bin ich mit meinen 68 Jahren ein Vater, Großvater oder Unternehmer? Wie würde es mir gehen, wenn mein Unternehmen von heute auf morgen nicht mehr existierte? Verlöre ich dann auch einen Teil von mir? Wer bin ich wirklich, wenn ich all diese Rollen als solche erkenne und mich nicht mehr mit ihnen identifiziere? Bin ich mir jemals wirklich begegnet, oder sah ich immer nur meine Rollen, wenn ich in den Spiegel sah?

Ich erkenne, dass ich in meinem Leben lange damit beschäftigt war, ein Idealbild der verschiedensten Rollen zu leben. Der erfolgreiche Geschäftsmann, der Traummann für meine Frau, der Traumvater für meine Kinder und der zuverlässige Freund für meine Bekannten. Heute begreife ich, dass alle meine Rollen nichts anderes waren als Konzepte, die mich antrieben und blind für alles machten, was nicht hineinpasste. Ich war zu einem mittelmäßigen Mix aus fleischgewordenen Konzepten geworden.

Erst als ich anfing, übernommene Konzepte infrage zu stellen und abzulegen, begann für mich die Suche. Was suchte ich daraufhin? Sie ahnen es? Ich suchte natürlich andere Konzepte, die ich als geeigneter für mich empfand. Und ich lebte sie, ohne zu erkennen, dass auch dies nur Konzepte waren. Ich brauchte lange, bevor ich begriff, dass das Leben im Einklang mit Konzepten eine einzige Lüge ist und mich gefangen hält. Erst diese Erkenntnis gab mir den Raum und das Geschenk, im Einklang mit meinem höheren Selbst zu leben.

Ich wünsche mir, dass Sie, liebe Leserinnen und Leser, in diesem Buch Bestätigung für Ihr eigenes inneres Wissen finden und/oder Anregungen für ein Leben im Einklang mit Ihrem höheren Selbst.

Wenn Sie es zulassen.

Ich wünsche Ihnen viel Freude und noch mehr erleuchtende Gewissheit beim Lesen!

Noch eine Anmerkung: Alle im Text erwähnten Personen sind real. Ihre Namen habe ich jedoch geändert.

Göttliche Ordnung und 5G

Kurzgeschichte: Das Geschenk des Hirsches

An diesem Morgen verlässt er seine Höhle, gut ausgerüstet mit einem selbst geschnitzten Bogen und sieben Pfeilen. Ein letzter Blick auf seine geliebte Frau, die ihm zum Abschied nachsieht. Ihre fünf Kinder schlafen noch, denn es ist früh am Morgen.

Er weiß in diesem Augenblick, dass er sie vielleicht zum letzten Mal sieht, denn da draußen ist es gefährlich. Es gibt wilde Tiere, die ihn in einem unachtsamen Augenblick mit ihren Pranken erschlagen oder mit ihren Zähnen zerreißen könnten.

Doch er weiß, dass es heute sein muss, oder vielleicht morgen, doch nicht übermorgen, denn er hat Gewissheit, dass das Wetter in wenigen Tagen umschlagen wird und dann für eine lange Zeit kein Verlassen der Höhle mehr denkbar ist. Heute oder spätestens morgen muss er seine Beute finden und mit nach Hause bringen, denn der Vorrat hat bedenklich abgenommen. Ein junges Reh oder eine Sau würden ihm und seiner Familie über die zu erwartende wochenlange Schlechtwetterphase hinweghelfen.

Mit kaum hörbaren Bewegungen streift er durch die naheliegenden Wälder. Diesmal verlässt er die wohlbekannte Umgebung. Er geht nicht die gewohnten Wege, sondern verhält sich völlig atypisch. Nicht, dass er sich darüber wundert. Er tut es einfach, weil er wie immer seinen inneren Impulsen folgt. Heute ist ihm nichts vertraut. Kein Baum, kein Strauch, kein Hügel und kein Bach. Und doch ist er nicht ängstlich, denn er kennt keine Angst, nur Wachsamkeit. Die hatte er sich schon in seiner Kindheit zu eigen gemacht, als er seinen Vater auf dessen vielen Jagdausflügen begleitete. Sein Vater hatte ihm damals alles beigebracht. Er hatte ihm die Geräusche der Wildnis und ihre Stille bewusst gemacht und ihm erklärt, wie sie zu deuten sind. Er hatte ihn auch gelehrt, seine Intuition wahrzunehmen und ihr zu vertrauen. Ihm hat er zu verdanken, dass er spürt, wenn sich ihm ein Tier nähert, lange bevor es in sein Sichtfeld kommt.

Vor allen Dingen hatte sein Vater ihn Geduld gelehrt, die auch heute angesagt ist, denn er streift schon seit Stunden durch Wälder und Wiesen, ohne dass ihm eine geeignete Beute begegnet wäre.

Doch plötzlich hält er inne, denn jetzt nimmt er etwas wahr. Er schaut sich um und sieht ihn. Ein mächtiger Hirsch ist in etwa 50 Meter Entfernung zwischen den zahlreichen Bäumen erkennbar geworden. Lautlos schleicht er sich näher heran, ohne ihn aus den Augen zu verlieren. Als er bis auf nur noch 10 Meter an ihn herankommt, dreht der Hirsch seinen Kopf und sieht ihn unvermittelt an.

Er erschrickt, denn er hatte nicht damit gerechnet, dass ein Tier, das normalerweise sofort die Flucht ergreifen würde, ganz ruhig stehen bleibt und ihn ansieht. Ihre Blicke direkt aufeinander gerichtet, lässt er seinen bereits gespannten Bogen langsam nach unten gleiten. Er weiß, dass er diesen Hirsch nicht erschießen würde. Er begreift, dass sich in diesem Moment zwei göttliche Wesen auf Augenhöhe begegnen. Entsprechend tief ist seine Faszination und Ergriffenheit. Er will sich nicht von diesem Blick lösen und den magischen Moment unterbrechen. Intuitiv ist ihm klar, dass dieses Tier ihm ein Geschenk macht, das er für immer bei sich tragen würde: die Erfahrung des Eins-Seins.

Erst als ihm dies bewusst wird, wendet der Hirsch sich von ihm ab und trabt gemächlich davon.

An diesem Tag will er seine Jagd nicht mehr fortsetzen. Der Gedanke, ein anderes Tier zu töten, ist ihm unmöglich geworden.

Mit der gewohnten erhöhten Aufmerksamkeit macht er sich auf den Heimweg. Er kann sich nicht erinnern, welchen Weg er gekommen war, und doch ist der Rückweg für ihn unbestreitbar und zielsicher. Er ist nicht mehr weit von zuhause entfernt, als er auf ein Wildschwein aufmerksam wird. Instinktiv nimmt er seinen Bogen, legt einen Pfeil an, zielt und trifft. Er fragt sich nicht, warum er jetzt doch ein Tier erlegen konnte. Er hat es einfach getan und es fühlt sich richtig an.

Als er seine Höhle betreten will, nimmt er seine Frau wahr, die am Eingang auf ihn wartet. Sie hält ihm eine hölzerne Schale mit heißer Suppe entgegen und sagt: »Willkommen zuhause, mein weiser Jäger!«

Der Reichtum der Steinzeitmenschen

Vermutlich haben Sie diese frei erfunden Geschichte gern gelesen, denn sie hat im entfernten Sinne auch etwas mit Ihnen zu tun. Sie handelte zu einer Zeit, als es nicht einmal das Rad gab. Feuer ja und auch einen Bogen und Pfeile. Vielleicht gab es auch schon eine Steinaxt.

Bestimmt haben Sie erkannt, wie unwichtig diese »äußeren« Instrumente waren. Sie besaßen etwas viel Wertvolleres, etwas, das uns mit jeder neuen Erfindung langsam aber sicher verloren gegangen ist: Intuition, Wachsamkeit, Aufmerksamkeit, Liebe, das Hier und Jetzt, Achtsamkeit, Mitgefühl, Telepathie.

Es sind Fähigkeiten und Qualitäten, die hier oder dort vereinzelt noch zu beobachten sind, doch seien wir ehrlich und schauen wir uns um. Menschen erleben sich kaum noch so authentisch wie unser Jäger und seine Frau, die weder lesen noch schreiben konnten. Möglicherweise gab es damals nicht einmal Worte, sondern nur telepathisch übermittelte Gefühle und Bilder.

Heute versenden wir Fotos und persönliche Nachrichten per soziale Medien oder SMS und übermitteln doch nicht das, was wir wirklich fühlen. Statt uns mit unseren Mitmenschen im direkten Gespräch zu erfahren und kennenzulernen, bemerken wir sie nicht einmal mehr, weil unser Blick, unsere Aufmerksamkeit auf unser Smartphone gerichtet ist.

Pessimisten könnten jetzt antworten: »Ja, die Menschheit wird immer schlechter und wird sich noch selbst ausrotten. Und wenn wir jetzt noch 5G bekommen und alles mit allem in Echtzeit kommuniziert, wird dies wohl wie ein letzter Sargnagel unser Schicksal besiegeln.« Doch halt, ist das nicht ein wenig zu kurz gedacht? Wo bleibt der Blick über den Tellerrand, das Erkennen der größeren Zusammenhänge?

Ist es nicht so, dass in unserer prähistorischen Szene noch das offensichtlich ist, was wir als göttliche Ordnung bezeichnen? Sie mögen es anders nennen, abhängig von Ihrer kulturellen Prägung. Vielleicht nennen Sie es kosmische oder universelle Ordnung, biologisches Gleichgewicht oder spirituelle Harmonie. Wie Sie es auch nennen mögen, der Gedanke, dass in damaligen Zeiten das Leben zwar weniger komfortabel, aber dennoch in Ordnung war, drängt sich auf. Göttliche Ordnung war spürbar in der wortlosen Kommunikation zwischen Menschen, Tieren und Pflanzen. Sie sorgte ganz natürlich für die überlebensnotwendige Wetterfühligkeit und für das Gespür vor Gefahren. Eigentlich fehlte es an nichts.

Und heute? Wo ist die göttliche Ordnung heute? Man könnte meinen, es gäbe sie nicht mehr. Doch wer das glaubt, der täuscht sich, denn sie ist mitten unter uns.

Ich habe mich immer geweigert, die Welt als destruktiv und feindselig zu betrachten. Ich habe die göttliche Ordnung in vielen Situationen meines ereignisreichen Lebens erkennen dürfen.

Ich habe für mich erkannt, dass unsere Wirklichkeit ein einziges Gewebe göttlicher Ordnung ist und dass es sich jedem von uns erschließt, der bereit ist, sein Bewusstseinsfeld infrage zu stellen. Dies ist kein leichter Prozess, denn die Wahrheit zu erkennen, kann unangenehm und in manchen Fällen auch schmerzhaft sein. Doch am Ende wartet ein Geschenk, das vielleicht am besten mit der Selbstverständlichkeit des Jägers vergleichbar ist. Eigentlich ist es noch viel umfangreicher und größer. Das kann ich aus eigener Erfahrung sagen.

Und wieder werden Sie sich fragen: »Was hat all das mit 5G zu tun?

Meine Antwort ist: Alles!

Schauen wir uns an, warum wir den uns angeborenen Reichtum, der noch beim Jäger und seiner Frau erkennbar ist, verloren haben.

Was unser Steinzeitmensch täglich zum Leben und Überleben brauchte, war seine innere und äußere Wachsamkeit. Mit seinen Sinnen hat er die Außenwelt erfasst, und mit seinem inneren Fokus hat er gewusst, wie er auf die äußeren Reize reagieren musste. Dabei war dieser Vorgang kein Denkvorgang, sondern eine unmittelbare Reaktion. Da war nichts zu entscheiden, sondern nur zu handeln.

Wir haben vergessen, wie reich wir wirklich sind

Mit den immensen Erfindungen, die wir Menschen uns in den vielen hundert oder gar tausend Jahren zu eigen gemacht haben, hat sich der innere Fokus nach außen gerichtet. Wir haben mehr und mehr die Fähigkeit verloren, nach innen zu schauen, weil das Außen so aufregend und begehrenswert wurde. Ein schönes Auto, ein großer Fernseher, ein gemütliches Haus, Urlaubsreisen in ferne Länder, spannende Kinofilme, Internet, Handys, Smartphones. Die Liste ist endlos. Unterstützt wird diese Tendenz durch die profitorientierte Industrie, zu der nicht nur die Mobilfunkhersteller und -betreiber gehören, sondern auch die Medien.

So haben wir unsere kostbarsten Reichtümer brach liegen lassen und verlernt, sie zu benutzen. Ja, extremer noch: Wir haben vergessen, dass es sie gibt. Lassen wir an dieser Stelle einmal außen vor, dass mächtige Interessengruppen genau dieses Phänomen bewusst vorangetrieben haben. Darauf einzugehen, würde ein völlig eigenständiges und recht umfangreiches Buch erfordern.

Die gute Nachricht ist jedoch: Es ist alles noch in uns vorhanden. Es gilt lediglich, den Fokus von außen nach innen zu richten. Natürlich werden Sie dann nicht sofort den ganzen Reichtum Ihrer göttlichen Kräfte erkennen können. So etwas braucht Zeit und vor allem auch das Aufgeben aller Überzeugungen und Konzepte, denn diese überdecken und verhindern Ihr Potenzial.

Es braucht Funkstille. Denn nur wenn wir unsere Aufmerksamkeit von allen äußeren Geschehnissen abwenden, uns wie in der Meditation auf unsere innersten Impulse konzentrieren, können wir uns wiedererkennen.

5G: Der Evolutionsbeschleuniger

Die Herausforderung 5G wird gleichzeitig unsere Chance sein, denn 5G könnte uns Verschiedenes offensichtlich machen:

1. Dank 5G werden wir durch das Internet der Dinge erfahren, dass wir mit allem und jedem in Echtzeit verbunden sind. Die Erkenntnis, dass wir alle eins sind, wird uns auf ironische Weise durch die höchstmögliche Form der Entfremdung von uns selbst vermittelt.

2. Wir werden weiterhin nicht umhinkönnen zu erkennen, wie die allgegenwärtigen Hochfrequenzen uns körperlich in die Knie zwingen. Fälle von Unfruchtbarkeit, Schlaflosigkeit, Gedächtnisverlust, Konzentrationsschwäche, Alzheimer, Autismus, Diabetes, Krebs, Gewalt etc. werden in die Höhe schnellen. Hinweise darauf werden uns bereits in mehr als tausend unabhängigen Studien internationaler Wissenschaftler und Ärzte gegeben. Sie warnen, dass all diese Erscheinungen, die jetzt schon als Folge des Mobilfunks nachgewiesen werden können, mit 5G explodieren könnten.

So könnten beide Faktoren dazu führen, dass sich mehr und mehr Menschen für bessere, natürliche Lebensumstände und neue Bewusstseinsinhalte stark machen. Die Technologie von 5G könnte dazu beitragen, dass diese Gruppe sich ebenso schnell vergrößert wie die Zunahme an Krankheiten in unserer Gesellschaft. Irgendwann in hoffentlich nächster Zeit würden die kollektiven Bewusstseinskräfte dieser Gruppe das Bewusstseinsfeld des gesamten Kollektivs der Menschheit zum Kippen bringen. Das sollte dazu führen, dass auch die eher unbewusste Bevölkerung die Informationsinhalte begreift und ihre innere Haltung entsprechend ändern wird.

Und genau hierin erkenne ich den Prozess der göttlichen Ordnung. Mit dem freien Willen entfernt sich der Mensch mehr und mehr von dem, was er wirklich ist, bis er seinen Irrtum erkennt und »umkehren« wird. Das erinnert mich gerade an die Geschichte vom verlorenen Sohn.

Aus meiner Perspektive betrachtet ist die göttliche Ordnung in keiner Weise verschwunden, sondern in der intensivsten Phase ihres Wirkens.

Doch lassen Sie uns einmal genau hinschauen, was unter göttlicher Ordnung zu verstehen ist.

Brauchen wir eine göttliche Ordnung?

Welche Arten von Ordnung gibt es überhaupt? Wir kennen die soziale Ordnung, die gesellschaftliche Ordnung, die Hausordnung und die Unordnung, um nur einige zu nennen. Ihnen ist gemeinsam, dass sie von Menschen gemacht wurden, um ein »geordnetes« Zusammenleben zu ermöglichen. Ja, auch der Begriff »Unordnung« gehört hierhin, denn er beschreibt das Fehlen von Ordnung.

Dem Menschen wurde ein freier Wille gegeben, und damit sind wir bestens ausgestattet, uns in der physischen Welt zurechtzufinden. Wir entscheiden, was wir uns in diesem Leben wünschen. Wir entscheiden, welchen Beruf wir ausüben, welchen Partner wir wählen, welcher politischen Partei wir angehören usw … Wozu also eine göttliche Ordnung?

Wenn es tatsächlich eine göttliche Ordnung gibt, gibt es dann auch einen göttlichen Willen?

Wenn ja, müssten wir ihn doch wahrnehmen, oder? Würde Gott uns nicht permanent dazwischenfunken und unsere eigenen Pläne stören?

Es mag zwar sehr unchristlich klingen, doch den Willen Gottes gibt es meiner Meinung nach nicht.

Meine These ist: Wir Menschen haben ihn uns in grauer Vorzeit selbst erschaffen, nachdem unser individuelles Selbst, unser Ego, die Führung übernommen hatte. Wir fühlten uns jedes Mal von Gott bestraft, wenn etwas im Leben schiefging. Dieser Glaube ist von Religionsführern als ein perfektes Mittel übernommen worden, um den Menschen gehorsam und gefügig zu halten.

Für mich ist Gott die reine Liebe und das Licht. Vielleicht sind Liebe und Licht sogar ein- und dasselbe. Ganz sicher ist jedoch wohl niemand auf die Idee gekommen, der Liebe oder dem Licht einen Willen zu unterstellen.

Was verstehen wir also unter der göttlichen Ordnung?

Sicher hat jeder hierzu sein eigenes Verständnis. In meiner Weltanschauung besteht die göttliche Ordnung aus all den Dingen, die der Mensch nicht beeinflussen kann, so sehr er sich auch anstrengen würde.

Da sind zunächst die Naturgesetze zu nennen, die in unserer physischen Welt unveränderbar sind. Weiterhin gehören sicher die Mathematik, die Geometrie sowie die Existenz organischen Lebens im Raum-Zeit-Kontinuum dazu.

Auf einer tieferen Ebene sind es die Bewusstseinsimpulse, die Energie und Information in Wechselwirkung bringen und somit Schwingungen (Frequenzen) der unterschiedlichsten Formen entstehen lassen, die in ihrer Gesamtheit von uns Schöpfung genannt wird. Mehr dazu lesen Sie im dritten Teil »Einstein und die unsichtbare Welt«.

Auf einer höheren Ebene sind es meines Erachtens dieselben Bewusstseinsimpulse, die weitaus höhere Schwingungsphänomene bilden können, zu denen ich unter anderem die Entitäten der geistigen Welt zähle, entsprechend der höheren Dimensionen nach Burkhard Heim.[1]

Ich bin davon überzeugt, dass die einzig wahre göttliche Ordnung, der all die zuvor genannten »Gesetze« und Phänomene zugrunde liegen, die Liebe ist.

Liebe ist die göttliche Ordnung

Stellen Sie sich vor, unsere Realität würde ausschließlich von der Liebe durchdrungen sein. Wir würden zur Welt kommen und von unserer Mutter

1 Burkhard Heim, deutscher Physiker (1925–2001)

liebevoll an ihre Brust gelegt, damit wir wachsen können. Sie würde uns immer bei sich tragen, um dieses Band der Liebe nicht zerreißen zu lassen, um sicher zu sein, dass wir uns nicht verlassen fühlen, bis wir unsere eigene Identität entwickeln. Unser Vater würde uns ab und zu liebevoll streicheln, in den Arm nehmen, wie die Mutter mit uns sprechen, und wir fühlten uns in jedem Moment umsorgt und geliebt. Dabei käme der Begriff Sicherheit gar nicht erst auf, denn für uns gäbe es außer Geborgenheit keinen anderen Zustand.

Unsere Eltern würden sich auch lieben und es gäbe keine störenden Streitigkeiten, keine Ablehnung und weder Sorge noch Angstgefühle.

Wenn wir älter würden, kämen wir in die Schule, und auch hier kümmerte man sich liebevoll und einfühlsam darum, uns die Dinge zu erklären, die wir brauchen, um Lesen, Schreiben und Rechnen zu lernen. Niemand würde Wettkämpfe organisieren, um Sieger zu schaffen. Auch gäbe es keine Klassenbesten, weil keine Noten vergeben würden. Lernen würde zu einem natürlichen Prozess werden, dem die Neugier des Kindes zugrunde liegt und deshalb individuell auf jedes einzelne Kind abgestimmt ist.

So würden wir lernen, jeden Menschen zu lieben und sein Anderssein als Ausdruck der göttlichen Vielfalt zu verstehen, so wie auch jede Schneeflocke anders ist. Wir hätten Respekt vor seinem Lebensweg, ganz gleich, ob er der gesellschaftlichen Norm entspricht oder nicht.

Stellen Sie sich vor, alle wirtschaftlichen Unternehmen dieser von Liebe durchdrungenen Gesellschaft hätten einzig zum Ziel, dem Menschen zu dienen und zum Besten des Ganzen beizutragen. Das wäre für die Menschen, die in Liebe erwachsen werden konnten, eine ganz logische Fortsetzung ihrer Weltanschauung.

Na, ich denke, Sie haben die Botschaft erhalten. Sie mögen jetzt vielleicht vermuten, ich sei ein Traumtänzer wie in John Lennons Song »Imagine«: »You may say I'm a dreamer.«

Keine Sorge, ich habe nicht den Anspruch, dass sich die Menschheit in diese Richtung bewegt. Das wäre ein sehr, sehr weiter Weg, denn unsere gesellschaftlichen Ordnungsprinzipien sind momentan auf anderen Werten aufgebaut. Wir kennen sie alle und wir würden sie nicht einfach so von heute auf morgen kippen können.

Eine schöne Vorstellung ist diese Vision der göttlichen Ordnung in jedem Falle und ich lade Sie ein, sich mit ihr anzufreunden. Unsere Gesellschaft kann sich nämlich nur dann ändern, wenn jeder Einzelne diese Werte zunächst in seinem Innern bildet und durch sein Denken und Handeln beispielhaft lebt. Wenn wir in Übereinstimmung mit der göttlichen Ordnung leben, wirken wir auf unsere Mitmenschen durch unser Sein, durch unsere erhöhte Frequenz, und es braucht weder Prediger noch Missionare.

Vom Wirken der Göttlichen Ordnung

Alles ist immer perfekt

Aschram Erkenntnisse

Etwa zehn Jahre lang hatte ich mit meiner Frau und unseren zwei Jungen die kompletten Sommerferien in einem Aschram verbracht. Wir haben diese Zeit sehr genossen. Die Kinder erholten sich mit Gleichaltrigen und lernten eine soziale Welt kennen, die von Achtsamkeit und Wertschätzung geprägt war. Mein ältester Sohn, Delf, meinte einmal: »Weißt du, Papa, hier fühle ich mich sehr wohl. Es ist so völlig anders als zuhause in der Schule. Hier ist keine Spur von Neid, Schadenfreude und Konkurrenzdenken.«

Ich antwortete ihm: »Wie schön, dass du erleben darfst, wieviel angenehmer es sein kann, wenn das Zusammenleben nicht von Konkurrenzdenken und Missgunst vergiftet ist. Sei mit deinen Schulkameraden zuhause einfach genauso wie mit den Jugendlichen hier im Aschram.«

Während ich das schreibe, wird mir erst bewusst, warum er sowohl beim Abschluss an der internationalen Schule in Portugal wie auch später beim Abitur an einem deutschen Internat einen besonderen Preis für hervorragende soziale Kompetenz erhielt.

Eine der Botschaften im Aschram lautete: »Habe Vertrauen. Alles ist in Ordnung!« Ich dachte mir, wenn dies wirklich stimmt, dann könnte ich mich doch darauf verlassen, dass immer alles perfekt ist. Immerhin war das die Aussage eines erleuchteten Meisters.

Ich habe mich viele Jahre mit dieser Botschaft auseinandergesetzt, und immer wieder bin ich zu der Erkenntnis gekommen, dass tatsächlich alles in meinem Leben perfekt war. Natürlich hatte sich mir die Perfektion nicht gleich erschlossen. Oft war sie alles andere als erkennbar und im Gegenteil eher schmerzhaft, deprimierend, niederschmetternd. Sie kennen das sicher auch aus Ihrem eigenen Leben. Doch mit ein wenig Abstand, manchmal erst einige Jahre später, war für mich deutlich erkennbar, wie perfekt die verschiedensten »Dramen« in mein Leben passten. Ich war immer wieder zutiefst berührt, wenn ich den Eindruck gewinnen musste, dass es irgendeine wohlwollende »Kraft« gibt, die im Hintergrund mein Leben lenkt.

Wie sonst könnte es möglich sein, dass sich unangenehme Ereignisse, die ich nicht bewusst ausgelöst hatte, im Gesamtbild als perfekt und notwendig herausstellten?

»Deine Seele hat einen Stopp gesetzt«

Mein Vertrauen in die Worte des Meisters wurde in den Jahren 2007 bis 2009 auf gnadenlose Weise auf die Probe gestellt.

Damals gehörte mir seit beinahe zwanzig Jahren eine Immobilienagentur in Portugal. Mit zwei weiteren Verkäufern war meine Firma eine der angesehensten in der Algarve. Unsere Verkaufserfolge waren entsprechend gut – bis Anfang September 2007. Plötzlich hatte sich etwas verändert. Es war so, als hätte man uns den Hahn zugedreht. Keine einzige Vermittlung kam mehr zustande. Jeder einzelne Fall war dabei anders und es ergab sich kein klares Bild oder Muster. Es war auch nicht die Finanzkrise. Es war ein nicht erklärbares Phänomen.

Nach zwei erfolglosen Monaten war mir klar, dass ich zu einem Therapeuten musste. Wenn es »draußen« nicht läuft, hat es mit meinem Innern zu tun. Davon war ich nun überzeugt.

Ich hatte das Glück, von einer schweizerischen Therapeutin und Schamanin[2] zu hören, die auch in der Algarve eine Praxis hatte.

Gleich zu Beginn der ersten Sitzung und nach einer kurzen Problembeschreibung war ihre Antwort: »Richard, deine Seele hat einen Stopp gesetzt.

2 Lisa Wegmüller (tao-in.ch)

Sie will was anderes. Du kannst sofort deine Koffer packen und gehen, denn hier passiert nichts mehr, was immer du auch versuchst.«

Ihre deutlichen Worte schockierten mich. Und jetzt?

War da ein winziger Funken heimlicher Freude? Ja, ich hatte ihn bemerkt, doch gab ich ihm keine Chance, sich auszubreiten und zu einem lodernden Feuer zu werden. Jetzt war nicht der richtige Zeitpunkt.

Ich hatte weitere Treffen mit ihr. Ich erinnere mich noch gut, dass sie in einer Sitzung gemeinsam mit einer mir sehr vertrauten Freundin, die ebenfalls Therapeutin war, eine Seelenrückführung unternahm. Ein Ritual, in dem ich in Trance an den Ort und den Moment geführt wurde, wo ich meine Seelenverbindung verloren hatte. Heute bin ich den beiden unendlich dankbar, denn während ich dies schreibe, wird mir erst bewusst, dass die schwierige Zeit, durch die ich noch gehen sollte, ohne die Rückanbindung meiner Seele nie so verlaufen wäre. Damals war mir das nicht klar, auch wenn ich mich wunderte, dass sich in der schlimmsten Phase des finanziellen Zusammenbruchs eine Unerschütterlichkeit in mir ausbreitete, die mich vertrauen ließ, dass alles perfekt ist.

Meine Lage war für mich umso dramatischer, als ich kurz vor der Eröffnung eines neuen Projektes, der »Property Lounge« stand, einem exklusiven Club im Herzen eines der beliebtesten Golfresorts Portugals. Ich hatte heftig in den Kauf zweier Ladenlokale, Umbaumaßnahmen und Einrichtung investiert und gerade zum Zeitpunkt der schockierenden Botschaft insgesamt 17 Mitarbeiter beschäftigt.

Wie sollte ich all das von heute auf morgen verlassen? Ich versuchte vergeblich, Käufer für das Projekt zu finden, nahm weitere Hypotheken auf zwei Villen auf, die mir gehörten, weil ich keine Möglichkeit des Ausstiegs sah und mich für meine Mitarbeiter verantwortlich fühlte.

Um es kurz zu machen: Ich hielt bis etwa August 2008 aus. Die Konten waren leer und keine Einnahmen zu erwarten. Die Property Lounge war in ihrem ersten Jahr nur eine finanzielle Belastung, und bald musste auch sie die Türen schließen, weil ich meine Mitarbeiter nicht mehr bezahlen konnte.

Im Nachhinein fällt es mir schwer, mich in die Gefühlswelt zu versetzen, die damals in mir vorherrschte. Ich weiß jedoch, dass ich mich fühlte wie ein Versager. Täglich kamen Anrufe von Lieferanten, weil ihre Rechnungen unbezahlt blieben. Ich habe sie alle beantwortet, denn ich wusste, dass für mich wichtig war, nicht den Kopf in den Sand zu stecken, sondern mit offenen Augen dranzubleiben.

Hatte mein Vater doch Recht behalten? In einer unserer vielen Auseinandersetzungen meinte er: »Pass du mal lieber auf, dass du nicht irgendwann in der Gosse landest!« Das war seine Antwort auf meine überhebliche Bemerkung: »Mit 30 Jahren will ich nicht mehr auf meiner Hände Arbeit angewiesen sein.«. Das hatte ihn zutiefst getroffen. Mein Vater war Maurer.

Sollte er also Recht behalten? Ist das der Anfang eines Lebens in der Gosse? Ich hatte mir vorgestellt, dass die drei Banken, bei denen ich mich damals enorm verschuldete, mich mein Leben lang verfolgen würden. Auch bei den Gedanken an die Forderungen des Finanzamtes und den Zorn der frustrierten Gläubiger ging mein Selbstbewusstsein in die Knie.

Meine Frau war bereits in der Schweiz, wo Freunde ihr halfen, eine Aufenthaltsgenehmigung und eine Wohnung zu finden.

Ich wagte mich aus Scham nicht mehr aus dem Haus, und als auch die Anrufe hoffnungsgetriebener Gläubiger irgendwann nachließen, lebte ich für mehrere Monate in absoluter Einsamkeit.

Noch lebte ich in meiner Villa in Strandnähe. Ich wusste aber, dass die Bank mich zeitnah auffordern würde, das Haus zu räumen. Als eines Nachts während eines Unwetters auch noch die Terrasse auf der gesamten Kantenlänge wegbrach und einen kleinen Abhang hinunterrutschte, war mir klar, dass meine Zeit in Portugal zu Ende war.

Die Geschenke des Scheiterns

In jener Zeit, es handelte sich um etwa vier Monate bis Ende Februar 2009, erlebte ich die stärkste innere Entwicklung meines Lebens. Ohne Gesprächspartner, ohne Ablenkung gab es nur mich, die Natur, mein Hobby, die Fotografie, und Bücher des New Thought Movements. So waren meine »Gefährten« in dieser Zeit Werke von Thomas Troward[3], Wallace Wattles[4], Charles F. Haanel[5] und Florence S. Shinn[6].

Die wesentlichste Erfahrung in dieser gesamten Zeit war für mich das Spüren meines innersten Kerns. Ich nenne es so, weil es das war, was übrigblieb, nachdem alle meine Rollen von mir abfielen. Ich hatte nichts mehr, an dem ich mich hätte festhalten können. Auch meine dritte Ehe war inzwischen auf einem absoluten Tiefpunkt. Ich fühlte mich von allen Menschen verlassen, und meine Gefühle schwankten zwischen intensivem Selbstmitleid und einer unleugbaren, wenn auch schwachen Todessehnsucht. Sie waren gewürzt mit einer massiven Angst vor dem, was mich verfolgen würde und vor dem, was vor mir liegt.

Doch darunter, ja anders kann ich es nicht beschreiben, unter all diesen Gefühlen spürte ich eine Art Freiheit. Ich erkannte, dass diese Wahrnehmung aus meinem wahren Kern kam, aus dem Teil von mir, den ich mit all meinen Plänen, Sorgen und Ängsten, mit all meinen Überzeugungen unterdrückt hatte. Nie hatte ich vorher hierhin gespürt. Ich war immer viel zu abgelenkt von den Ereignissen um mich herum, hatte mich von der Außenwelt in ihren Bann ziehen lassen und den Fokus auf das, was ich wirklich bin, verloren. Jetzt war alles Äußere von mir abgefallen. Es herrschte Funkstille.

3 Thomas Troward (1847–1916), englischer Richter in Indien und Schriftsteller

4 Wallace Wattles (1860–1911), amerikanischer Schriftsteller der New Thought Bewegung

5 Charles F. Haanel (1866–1947), amerikanischer Philosoph und Schriftsteller, Autor des «The Master Key Systems»

6 Florence Shinn (1871–1940), Schriftstellerin und Lehrerin der New Thought Bewegung, Autorin von „The Game of Life and How to Play It"

So habe ich in jedem Moment mit innerer Achtsamkeit peinlich genau darauf geachtet, welche Kräfte in mir gerade wirksam sind. Naja, in jedem Moment ist sicher übertrieben, denn oft genug hatte ich den inneren Fokus verloren. Doch mit der Zeit gelang es mir immer besser. Ein Trick aus dem Aschram hat es mir erleichtert: Immer, wenn mir auffiel, dass ich den Fokus verloren hatte, ärgerte ich mich nicht, sondern lobte mich dafür, dass es mir auffiel, und so konnte ich wieder freudvoll hinschauen.

Das Ergebnis war und ist, dass es mir leichtfällt, die Impulse meines innersten Kerns wahrzunehmen und das Wollen meines Egos auszubremsen oder zumindest mit den innersten Impulsen abzugleichen.

Ich fasse also zusammen:

Mein Verstand, also hauptsächlich das, was ich als Ego bezeichne, war die meiste Zeit meines Lebens mit äußeren Ereignissen, angelerntem Wissen und übernommenen Rollen identifiziert. Das fiel mir vorher nicht weiter auf, weil die meisten Menschen in meinem Lebensumfeld genauso »funktionierten«.

Der Teil in mir, der meine wahre Essenz ist und besonders in Zeiten äußerer Krisen unerschütterlich intakt bleibt, geriet dadurch mehr und mehr in den Hintergrund und, wenn überhaupt, tauchte er als die eine oder andere Intuition in meinem Leben auf. Und selbst dann zweifelte ich solche innersten Impulse an.

Heute, nachdem ich nun etwa zehn Jahre mit meiner neuen Weltsicht, oder besser: Selbstsicht, gelebt und Erfahrungen gesammelt habe, kann ich für mich behaupten, dass mein Leben zu einem einzigen Fest geworden ist.

Die »Kraft« der göttlichen Ordnung spüren

Viele von Ihnen wissen möglicherweise, wie es für mich in den letzten zehn Jahren weiterging. Heute gibt es Swiss Harmony, ein Name, mit dem viele Menschen positive Erfahrungen verknüpfen, denn die Produkte von Swiss Harmony schützen nicht nur vor den meisten Umweltbelastungen wie Elektrosmog, sondern sie harmonisieren Mensch und Tier und noch vieles mehr.

Wie es dazu kam?
Habe ich mir einen Plan gemacht? Nein!
Hatte ich eine Marktlücke entdeckt? Nein!
Habe ich mir im Sinne des Master Key Systems eine neue Zukunft visualisiert? Nein!

Ein unerwarteter Anruf als Wegweiser in die Zukunft

Im Februar 2009 saß ich in Portugal auf meinen Umzugskisten und wartete auf den Möbelwagen. Meine längst verstorbenen Eltern drängten sich in mein Bewusstseinsfeld. Vor meinem inneren Auge sah ich, wie sie die Hände über dem Kopf zusammenschlugen.

»Junge, was machst du denn? Du sagst, du hast keine Ahnung? Hast du schon mal überlegt, wovon du leben willst? Wieso hast du dich nicht schon vorher drum gekümmert? Du hast auf ganzer Linie versagt.«

Mir wurde klar, dass mir genau solche Reaktionen von Kindheit an mein Selbstvertrauen genommen hatten. Damit meine ich nicht das Vertrauen in meinen gesunden Menschenverstand. Davon hatte ich mehr als genug. Nein, ich meine das Vertrauen in meinen eigenen, innersten Wesenskern.

Mit diesen Gedanken im Kopf konnte ich tatsächlich die Aussichtslosigkeit meiner Lage sehen. Ein guter Freund hatte mir Geld geliehen, damit ich den Umzug in die Schweiz bezahlen konnte. Was mich in der Schweiz erwartete, wo meine dritte Frau auch wieder mit Hilfe von Freunden für eine Bleibe gesorgt hatte, wusste ich nicht.

Doch meine innere Achtsamkeit hatte mich nicht verlassen und ich fasste Vertrauen. Alles ist perfekt, dachte ich, als mein Handy klingelte.

»Hallo Herr Neubersch, hier ist Klaus Dippel, wie geht es Ihnen?«

»Herr Dippel? Das ist jetzt aber komisch. Wieso rufen Sie mich an?«

»Ich wollte nur mal wieder Kontakt aufnehmen, hören, wie es Ihnen geht.«

Herr Dippel hatte drei Jahre zuvor mein Haus und mein Büro, ja auch mein neues Projekt, die Property Lounge, harmonisiert. Damals hatte ich ihn einfliegen lassen, weil mein Heilpraktiker mir klar machte, dass die Unruhe, die ich in unserem Haus wahrnahm, auf Elektrosmog, also in meinem Fall auf Handymasten und Radar, zurückzuführen war. Ich hatte ihn noch in guter Erinnerung, denn als er in unsere Villa kam und im Wohnzimmer Ameisen an der Terrassentüre sah, meinte er ganz mutig: »Herr Neubersch, das erste, was Sie bemerken werden, wenn wir ihre Villa harmonisieren, ist das Verschwinden der Ameisen.« Ich wollte es nicht glauben, doch er hatte Recht. Am dritten Tag nach der Harmonisierung gab es nicht eine Ameise mehr in unserem Haus.

»Tja, Herr Dippel, Sie erwischen mich gerade auf Umzugskartons sitzend und auf den Möbelwagen wartend. Ich ziehe in die Schweiz, weil meine Firma hier baden gegangen ist.«

Herr Dippel war überrascht. Dann fragte er: »Und was machen Sie jetzt in der Schweiz?«

»Das weiß ich noch nicht.«

»Haben Sie mal daran gedacht, für uns zu arbeiten?«

»Nein, aber Harmonie zu den Menschen zu bringen, könnte mir gefallen.«

Erkennen Sie, wie sich hier eine Wende andeutet, von der ich nichts ahnte und die ich nicht geplant hatte? Hier war zweifellos eine andere Kraft am Werk, aber welche? Ich sollte es noch herausfinden.

Tor!

So kam es, dass ich in der Schweiz begann, als Repräsentant einer deutschen Harmonisierungsfirma zu arbeiten. Doch nach gut einem halben Jahr war mir klar, dass diese Firma eine andere Philosophie verfolgte als ich. Es ging ihr nicht um das Wohl der Kunden, sondern in erster Linie um das ihrer Bankkonten. Viele Hinweise, auf die ich an dieser Stelle nicht eingehen will, waren nur allzu deutlich.

Auf der Suche nach anderen Firmen spielte mir das Leben wieder einen Ball zu, den ich aufnahm und ins Tor schoss. Nun, ich bin kein Fußballfan, doch der Vergleich drängt sich genau hier und jetzt auf.

Es stellte sich nämlich schnell heraus, dass ich selbst solche Produkte herstellen könnte, denn die wesentlichste Voraussetzung hierfür stand schon seit Jahren ungenutzt in meinem Keller.

Den Schlüssel zu dieser Erkenntnis und handfeste Unterstützung bei der anschließenden Umsetzung erhielt ich von einem Mann, der den Zuschlag für die Harmonisierung eines Hotels erwarb. Der Hoteleigentümer, mit dem ich ebenfalls in Verhandlungen stand, erzählte mir von seiner Entscheidung und zögerte nicht, mir den Namen und die Koordinaten des Herrn zu geben.

Ich rief ihn an und erfuhr von ihm, dass er nur seine eigenen Kunden beliefert und seine Produkte nicht an andere Firmen verkauft. Doch mit der richtigen Technologie könne ich meine eigenen Produkte fertigen. Er würde mir zeigen, wie es geht. Allerdings müsse ich viel Geld für ein teures Gerät investieren.

Lieber Leser, genau hier ist der Ball ins Tor gegangen, denn das besagte Gerät war bereits seit neun Jahren in meinem Besitz. Ich musste kein Geld investieren.

Nun fragen Sie sich sicher, um welches Gerät es sich gehandelt hat. Es ist unwahrscheinlich, dass Sie von einem solchen Gerät jemals zuvor gehört haben. Wie unwahrscheinlich, ja unglaublich, muss es also sein, dass man solch ein Gerät ungenutzt im Keller stehen hat? Nun, ich hatte es in meinem Keller, und bei allen drei Umzügen, die ich in den neun Jahren machte, spielte ich mit dem Gedanken, es zu verkaufen. Doch es war in allen Fällen nur ein schwacher Gedanke, denn im Hintergrund hörte ich jedes Mal: «Wer weiß, wozu du es irgendwann noch brauchen wirst?»

Wieder erkannte ich jene Kraft, die schicksalhaft und wohlwollend mein Leben beeinflusste.

Ich fragte mich in diesem Moment, wo sie in meinem früheren Leben auch wirksam war, ohne dass ich sie bemerkt hatte.

Die Suche nach dem Glücksfaktor

War die »Kraft« auch wirksam, als ich mit 27 Jahren meinen Zeitungsverlag zwei Jahre nach seiner Gründung für viel Geld verkauft hatte?

Die Verhandlungen mit einem der bekanntesten Wirtschaftsbosse waren so schnell und einvernehmlich, dass ich mich schon wundern musste. Später erfuhr ich, dass man nie zuvor und auch nicht danach einen derart hohen Preis für vergleichbare Übernahmen bezahlt hatte.

Oder ging es jener »Kraft« um meine anschließende Erkenntnis? Heute noch weiß ich, dass diese Erkenntnis auf meiner Rückfahrt nach Hause mit diesem fetten Scheck in der Tasche mein ganzes Leben verändert hatte.

Aus heiterem Himmel wurde mir mitten auf dem Ruhrschnellweg bewusst, dass ich nicht fröhlich war. Ich fragte mich: »Wieso nicht?« Mit diesem Verkauf hatte ich es geschafft! Ich fühlte mich reich. Ich dachte daran, dass ich es meinem Vater gezeigt hatte. Ich war noch nicht einmal 30 Jahre alt und war schon jetzt nicht mehr auf meiner Hände Arbeit angewiesen. Na bitte!

Wieso kam keine Freude auf? Was fühlte ich stattdessen?

War das etwa Angst? Unsicherheit? Vielleicht sogar ein wenig Panik? Ich sagte mir, dass der Betrag letztlich doch zu gering war, um sorglos sein zu können und stellte mir vor, dass der Scheck zehnmal so hoch war. Fühlte ich mich jetzt besser? Nein! Ich war zehnmal mehr beunruhigt. Keine Spur von Freude. Das überraschte mich und machte mich ratlos. Mir ging es doch immer nur darum, erfolgreich zu sein, und Erfolg hatte für mich mit viel Geld, Einfluss und Macht zu tun. Wozu all die Arbeit, das Streben nach Geld, Ansehen und Einfluss, wenn es am Ende nicht glücklich macht?

Einige Kilometer später war ich davon überzeugt, dass es im Leben eigentlich um etwas anderes gehen müsse, wenn man wirklich glücklich sein will. Doch um was? Ich hatte keine Ahnung, denn in meinem Leben bin ich mit Themen wie Spiritualität und Selbsterfahrung nie in Berührung gekommen. Den Philosophie- und Religionsunterricht in der Schule hatte ich immer nur als notwendiges Übel in Kauf genommen.

Ja, und das war's. Mehr ist auf dieser Rückfahrt nichts passiert, außer, dass ich mir vornahm, den Glücksfaktor herauszufinden.

Hat sich diese »Kraft« dann wieder eingeschaltet, als sie mir eine Kollegin ins Leben brachte, die Yogalehrerin war? Ich war fasziniert von ihrem Wissen und ihrer freundlichen Ausstrahlung und verlor keine Gelegenheit, sie mit meinem Wissensdurst zu überschütten. Sie genoss es ihrerseits, über all die Themen zu sprechen, die ausnahmslos Neuland für mich waren.

Ich begann eine Heilpraktiker-Ausbildung. Ich wollte etwas Sinnvolles lernen, Menschen helfen, nicht mehr dem Geld nachjagen. Wusste ich doch jetzt, dass dies der falsche Weg für mich war.

Die magische Anziehungskraft meiner Zukunft

Und dann gab es einen weiteren Impuls der »Kraft«, denn während meiner Ausbildung las ich einen Artikel über die Möglichkeiten der Radionik. Wie konnte es sein, dass man mit Hilfe der Radionik ein ganzes Feld frei von Ungeziefer halten konnte, ohne dass eine physische Maßnahme wie Gift oder Sperren zum Einsatz kam? Wie konnte es möglich sein, dass ein Teich mit Hilfe der Radionik lupenreines Wasser hatte? Ich spürte eine Faszination, die mich nicht mehr losließ. Ich las jedes Buch zum Thema und wurde auf autodidaktische Weise zum Radioniker ohne jede Praxis, denn ein entsprechendes Gerät konnte ich mir damals nicht leisten.

Das änderte sich erst zwanzig Jahre später, 2001, in der Algarve, als ich in meiner Immobilienagentur eine Geschäftsführerin einsetzte und mir selbst eine Auszeit verschrieb. Endlich konnte ich mir meinen lang gehegten Traum erfüllen! Ich kaufte mir das beste Radionikgerät seiner Zeit und besuchte obendrein noch eine Radionikerschule. Zwei Jahre lang war ich begeisterter Radioniker. Ich behandelte meine Kinder, Freunde und Mitarbeiter und versuchte mich in allen denkbaren Anwendungsbereichen wie dem Herstellen von homöopathischen Mitteln in jeder Potenz sowie Bachblüten jeder Art. Ich führte Belastungsanalysen bei Freunden und Bekannten aus, wenn sie ihr Einverständnis gaben und entwickelte eigene psychisch-seelische Formeln, die von Radionikern auch Raten genannt werden.

Als dann nach zwei Jahren meine Geschäftsführerin aufgrund privater Notwendigkeiten ausschied, wanderte das Gerät in den Keller, denn ich musste mich wieder selbst um meine Agentur kümmern.

Zehn Jahre später wurde es zum zentralen Element meiner beruflichen Zukunft. Erst runde dreißig Jahre nach dem Aufflammen meiner Begeisterung und Faszination für die Radionik sollte ich erkennen, welcher höhere Plan im Hintergrund gewirkt hatte.

Swiss Harmony zeigt sich in der sichtbaren Welt

Die Offenbarung kam mit meinem Anruf bei jenem Herrn, von dem ich mir erhoffte, dass er mich mit Harmonisierungsprodukten versorgen würde. Plötzlich erkannte ich, dass ich das wichtigste Instrument zur Herstellung in meinem Keller stehen hatte. Ich entschied mich, selbst zum Hersteller zu werden. Doch irgendwie wusste ich, dass es nicht wirklich meine Entscheidung war. Ich tat nur das, was von der »Kraft« vorgesehen war.

So verwunderte es mich damals nicht, dass der Name Swiss Harmony während einer Meditation in meinem Bewusstseinsfeld auftauchte und blieb. Auch das inzwischen bekannte Logo hatte ich mir nicht ausdenken müssen. Es war schon längst in mir.

Bin ich vielleicht nur der ausführende, körpergewordene Teil einer weitaus größeren Intelligenz, die durch mein Wirken ihre nicht-stoffliche Präsenz sichtbarer und wirksamer werden ließ?

Nehmen wir einmal an, es wäre so, was bedeutet es für mich und meine Welt?

Ich nehme gerne an, dass es so ist. Eigentlich weiß ich es sehr genau, denn schließlich habe ich mich in den letzten zehn Jahren genau beobachtet. Immer wieder habe ich darauf geachtet, dass die Entwicklung der Firma Swiss Harmony nicht durch mein Wollen oder durch eventuelle, gut versteckte persönliche Absichten beeinflusst wird. Sie ist langsam gewachsen. Ich würde sagen, sie ist organisch und sehr gesund gewachsen. Sie hat erst einmal Wurzeln gebildet; Wurzeln in ihrem eigenen Selbstverständnis wie auch im Kreis ihrer vielen Kunden.

Also was bedeutet es für mich, nur ausführendes Organ einer übergeordneten, transdimensionalen Intelligenz zu sein?

Es macht mich gelassen, freudvoll und frei. Frei im Sinne von sorgen- und angstfrei. Das Wissen, einer wahrhaft größeren Sache zu dienen, erfüllt mich. Es macht mich glücklich.

Die Gegenkraft: das dominante Ego

Leave your Ego with your shoes!

Im Aschram hing ein Poster im Schuhraum. Ein Schuhraum war vor jeder Halle notwendig, weil man diese nur ohne Schuhe betreten durfte.

Auf dem Poster hieß es:

»Leave your Ego with your shoes.« Lass dein Ego bei deinen Schuhen zurück.

Ahnen Sie, was damit gemeint ist?

In den alten indischen Veden steht geschrieben, dass sich der Verstand (englisch: mind) mit dem Körper verbündet, weil beide den Tod fürchten und alles daransetzen, ihn zu vermeiden. Unser wahrer, innerster Kern, den viele Menschen vielleicht Seele oder göttliches Selbst nennen, kennt den Tod nicht und hat nichts zu befürchten. Doch das Bündnis zwischen Verstand und Körper, das wir auch Ego nennen, hat eine mächtige Wirkung auf den Menschen.

Dabei soll uns das Ego lediglich zu Diensten sein. Es hilft uns beim Erledigen aller alltäglichen Aufgaben und Handlungen, beim Sprechen und Denken, beim Erkennen von Zusammenhängen, beim Lernen und Anwenden neuer Erkenntnisse. In einem bewussten und klargeistigen Menschen erfüllt das Ego genau diese Aufgaben und keine anderen.

Doch das Ego strebt auch nach dem ewigen Leben. Es will bedeutend sein, machtvoll und über den Tod hinaus bekannt bleiben. Gleichzeitig hat es Angst zu versagen, weil es tief im Innersten weiß, was Sache ist. So sind weniger bewusste Menschen im ständigen Wechsel zwischen Angst und Selbstbehauptung. Sie fühlen sich schnell gekränkt und verletzt und sind ebenso schnell zu Aggressionen bereit, wenn sie sich in ihrem Selbstverständnis bedroht fühlen.

So wird das Ego auf die eine oder andere Weise zu einem dominanten Faktor unseres Lebens, noch bevor wir eine klare Wahrnehmung und eine innige Verbindung zu unserem höheren Selbst entwickeln können.

Verstehen Sie mich bitte nicht falsch. Ich will hier nicht als Pharisäer auftreten, nicht der Lehrer sein. Ich spreche von mir und meinen Erfahrungen.

Es sind keine zwei Monate her, als sich mein Ego aufbäumte wie schon lange nicht mehr und ich meiner hoch geschätzten Mitarbeiterin fristlos kündigte, weil sie eine von mir aufgestellte Regel nicht befolgen wollte. Ich gab ihr kaum Zeit, ihre Sachen zu packen. Wie großartig ich mich fühlte! Wie machtvoll! Wie konsequent! Erst als sie schon lange fort war und eine gute Freundin mir klarmachte, was da in mir ablief, kam ich wieder zu mir, fand ich meine innere Mitte wieder. Ich erkannte, dass die fragliche Regel blödsinnig war und meine Mitarbeiterin sie ablehnen musste, wenn sie sich treu bleiben wollte.

Es fiel mir nicht schwer, sie noch am selben Tag aufzusuchen. Ich danke Gott, dass sie mich in ihre Wohnung ließ und mir die Chance gab, mich bei ihr zu entschuldigen und ihr meine Wertschätzung auszudrücken.

Mein Ego hat zwar gut gelernt, mir zu dienen und nicht den Boss zu spielen, doch das heißt noch lange nicht, dass ich mir Unaufmerksamkeit leisten kann. Ich muss ständig auf der Hut bleiben, denn es gibt immer noch viele ungelöste Themen in mir, die mein Ego aktivieren, wenn sie angesprochen werden und ich nicht achtsam genug bin.

Leave your Ego with your shoes.

Wenn wir im Einklang mit unserem göttlichen Selbst leben wollen, gilt es, das Ego dort zu lassen, wo es hingehört. Im übertragenen Sinne im Schuhschrank. Wenn wir dann wieder aktiv werden und die Schuhe anziehen, dann kommen wir ohne Ego, sprich: Verstand und Körper, nicht aus.

Die eigentliche Aussage in diesem Kapitel lautet:

Richte dich nur nach deinem innersten Kern, deinem göttlichen Selbst aus, lass dich von dort führen, nicht von einem möglicherweise aufgeblähten oder kümmerlichen Ego.

Kennen Sie den Unterschied und können Sie erkennen, warum beide Arten des Egos einen schädlichen Einfluss im Leben haben können?

Elterliche Gewalt

Ich war vielleicht zehn Jahre alt, als ich an einem Wochenende bei Freunden meiner Eltern übernachten musste, weil meine Eltern mit ihren Freunden auf einem Fest waren, das wohl bis tief in die Nacht ging. Nur die jüngere Tochter, Petra, und ihr Großvater waren im Haus. Während er eine Etage tiefer fernsah, erwartete man von uns, dass wir in Petras Zimmer bereits schliefen.

Sie war ein wenig jünger als ich, und natürlich war Einschlafen keine Option für uns. Immerhin waren wir noch nie alleine zusammen gewesen. Wie es dazu kam, weiß ich nicht mehr genau, doch irgendwann waren wir beide splitternackt und fassten uns überall an. Wir hatten einen Heidenspaß, bis wir zufrieden einschliefen.

Eine Woche später bat mein Vater mich ins Auto und wir fuhren ein paar hundert Meter aus unserem Ort heraus. Dann parkte er und schaute mich besorgt und verärgert an. Ich erinnere mich nicht mehr genau an die Worte, die er damals zu mir sprach. Deshalb gebe ich hier nur eine Kurzform dessen wieder, worum es ging:

»Ich weiß nicht, was wir mit dir machen sollen. Man hat mir erzählt, dass du Petra verführt hast. Was bist du nur für ein Monster? Du solltest dich schämen! Deine Mutter ist völlig fertig und schämt sich für dich. Du wirst Petra nie wiedersehen. Wir sind alle total enttäuscht von dir. Deine Mutter und ich haben lange darüber nachgedacht, dich in ein Erziehungsheim zu stecken. Vielleicht können die ja aus dir noch einen ordentlichen Jungen machen.«

»Nein Papa, bitte nicht ins Erziehungsheim!«

»Mal sehen, wir denken noch darüber nach. Aber eines kann ich dir jetzt schon sagen: Noch eine Sache und du bist im Heim!«

Kann man sich schäbiger fühlen als ich mich in diesem Moment? Ich fühlte mich wie der letzte Dreck. Ich glaubte, niemandem mehr unter die Augen treten zu können und war überzeugt, dass jeder wusste, was für ein Monster ich war. Ich konnte dem Leben keine Freude mehr abgewinnen.

Als wir etwa vier Wochen später in Urlaub fuhren, hatten meine Eltern mir vorher noch deutlich erklärt, dass ich eigentlich nicht verdient hätte, mitgenommen zu werden.

Heute weiß ich, dass dies das KO für mein Ego war. Für viele Jahre fühlte ich mich nur erduldet und unwert, Freude zu empfinden. Als Zehnjähriger mochte ich das vielleicht nicht ganz so deutlich wahrgenommen haben, doch heute noch erkenne ich, dass aus diesem schwachen Ego heraus vieles in meinem Leben schiefgelaufen ist. Eine Menge Stoff für ein weiteres Buch.

Ein aufgeblähtes Ego ist mindestens genauso nachteilig wie ein kümmerliches. Im Extremfall führt es zu ständiger Selbstüberschätzung, Schuldverteilung auf andere Menschen und Grenzüberschreitungen durch fehlende Achtsamkeit.

Sie wollen ein Beispiel aus meinem Leben?

Na gut!

Mein Ego hat sich wohl am häufigsten bei meinen fünf Kindern aufgebläht. Immerhin wollte es ja glänzen und bewundert werden. Mit neu gefühltem Bedauern erinnere ich mich an die vielen Standpauken, die ich ihnen zugemutet hatte, ohne dass ich in meiner Selbstherrlichkeit ein Ende finden konnte. Dabei hatten sie sich kaum etwas zuschulden kommen lassen. Doch wenn ich einmal Wasser auf der Mühle hatte, fielen mir immer wieder neue Dinge ein, bis mich eines oder mehrere meiner Kinder mit Tränen in den Augen anflehte: »Bitte Papa, hör endlich auf!«

Die trickreichen Verkleidungen des Egos

Doch eigentlich sind all diese Erfahrungen nur Details, die sich wie kleine Wellen an der Oberfläche eines Gewässers zeigen, das je nach der Grundbeschaffenheit des jeweiligen Egos in eine Richtung strömt, die für den Seelenplan nicht zielführend ist.

In meinem Fall kam das Strömen jenes Ego-Gewässers zum Erliegen und zeigte nicht mal mehr kleine Wellen, als ich mit meiner Immobilienagentur und der Property Lounge in den finanziellen Ruin trieb.

Oh Mann, war ich auf einem Egotrip! Wie smart und erfolgreich fühlte ich mich als gefeierter und hochgeschätzter Immobilienberater, den Staatspräsidenten und CEOs multinationaler Firmen in seinem Büro zu einem Plausch bei Kaffee und/oder Champagner besuchten, nachdem sie mit dem Flieger oder Privatjet in der Algarve gelandet waren und noch bevor sie in ihre Villa fuhren, die ich ihnen verkauft hatte.

Die Krönung meines Egos war die Property Lounge, die seiner Zeit wohl zu den edelsten Clubs der ganzen Region zählte. Hier haben sich weltberühmte Fußballer so zugedröhnt, dass ich Mühe hatte, sie in ein Taxi zu stecken.

Wie konnte mir dies passieren, ohne dass es mir bewusst wurde? Ganz ehrlich? Erst in diesem Moment, in dem ich dies schreibe, offenbart sich mir mein großer Irrtum. So war es kein Wunder, dass mein höheres Selbst korrigierend eingegriffen hatte. Alles passierte zu meinem Besten.

Wie also konnte mir das passieren? Weil ich nicht erkennen wollte, wie geschickt mein Ego eine Geschichte daraus machte, die im Einvernehmen mit meiner Entscheidung war, nicht dem Geld, sondern dem Menschen zu dienen. Ich redete mir ein, dass es eine gute Sache sei, meine Kunden aufrichtig zu beraten. Dafür war ich bekannt. Ich diente ihnen, doch ich begriff nicht, dass diese Menschen andererseits ihrem eigenen Ego dienten, das immer mehr Bestätigung suchte. Größere Villen, größere Grundstücke, schönere Ausblicke, höhere Profite beim Wiederverkauf. Ich diente dem Mammon.

Heute kommt mir das damals Erlebte vor wie ein schlechter Traum und ich bin dankbar, dass mir vom Leben eine weitere Chance gegeben wurde, es diesmal hinzukriegen.

Ich komme wieder zurück zur eigentlichen Aussage des Kapitels, die ich jetzt vielleicht ein wenig anders formulieren würde:

Dem Ego ist nicht zu trauen, weil es in trickreichen Verkleidungen daherkommt und selbstsüchtige Interessen durchsetzen will, in welche Richtung es dabei auch immer gehen mag. Es hat dem Menschen zum Besten des Ganzen zu dienen, nicht, ihn zu manipulieren.

Möge mich niemand missverstehen: Das Ego ist etwas Feines, wenn es im Rahmen seiner ursprünglichen Qualitäten bleibt. In meinem Verständnis ist es die Allianz aus Verstand und Körper, wie es in den alten indischen Schriften steht. Wir brauchen unseren Verstand im Leben und auch unseren Körper. Bei jeder Kleinigkeit und bei all unseren Aktivitäten braucht es den Verstand zur Umsetzung, sei es beim Kochen, beim Gang zur Toilette oder in den Fitnessclub.

Den Verstand brauchen Sie jetzt auch, lieber Leser, um dieses Buch zu lesen, und ich brauche meinen Verstand, um es zu schreiben. Doch mein Verstand begrenzt sich beim Schreiben darauf, die richtigen Tasten zu finden, auf Rechtschreibung und Grammatik zu achten. Die Inhalte des Geschriebenen kommen aus meinem innersten Kern, frei von Ego. Jedenfalls möchte ich das gerne glauben.

Je mehr ich lerne, die Einflüsse meines Egos zu erkennen, umso mehr folge ich meinem höheren Selbst, denn nur dann kann ich seine Impulse besser erkennen und umsetzen, wenn die Zeit reif dazu ist.

Sie mögen sich fragen: »Und wie macht er das?«

Immer, wenn es in meinem Innern zu laut wird, wenn ich von Gedanken umschwirrt bin, von Zweifeln geplagt oder Schwierigkeiten habe, eine Entscheidung zu treffen, sorge ich für Funkstille. Dazu entziehe ich mich allen äußeren Einflüssen und versuche, auch innerlich leer zu werden.

In dieser Funkstille sage ich mir: »Ich verbinde mich mit meinem höheren Selbst.«

Dann fühle ich mich in einem höheren Schwingungsraum wieder, in dem es keine Fragen, sondern nur Klarheit gibt.

Das Meer der unbegrenzten Möglichkeiten

Blitze im schwarzen Loch

Ich habe gelernt, dass Impulse von meinem höheren Selbst am laufenden Band geschehen. Um besser zu verstehen, wie und warum Impulse kommen und wann sie von mir aufgegriffen werden, stelle ich mir ein fiktives Meer unbegrenzter Möglichkeiten vor. Seine Eigenschaften sind in meiner Vorstellung vergleichbar mit einem schwarzen Loch, nur dass es nicht alles verschluckt, sondern Potenziale ausspuckt. Ich sehe also eine tiefschwarze Fläche, und ab und zu blitzt ein Licht auf, ein Impuls. Wenn er nicht aufgegriffen wird, versinkt er zunächst wieder, während an anderer Stelle ein neues Aufblitzen erfolgt. Irgendwann erkennt mein höheres Selbst das eine oder andere Blitzen wieder, weil es schon ein zweites oder drittes Mal aufgeblitzt ist. Es nimmt dabei eine ätherische Gestalt an, wird von meinem Bewusstsein erkannt, aber nicht gleich aufgegriffen. Doch wenn die Gestalt zur Form werden will, intensiviert sich das Blitzen. Es wird zu einem vertrauten Impuls, einem faszinierenden Gedanken, und ich stelle mir vor, wie es wäre, ihn in die Tat umzusetzen.

Dabei achte ich genau darauf, dass sich mein Ego nicht einmischt und den Impuls zu seiner Sache macht. Dies gelingt mir dadurch, dass ich passiv bleibe und nichts unternehme. Ich beobachte mein Bewusstseinsfeld und achte auf Zeichen des Universums. Irgendwann ist dieser Prozess so vollendet, dass es keine Frage des Handelns mehr ist, keine Frage des Wollens, sondern ein Ausführen von Inhalten, die sich ätherisch bereits so weit entwickelt haben, dass sie Wirklichkeit werden können, ohne dass es einer Willensanstrengung bedarf.

Mein erstes Buch für meinen Sohn

Ein gutes Beispiel ist dieses Buch. Es hat eine lange Vorgeschichte. Sie begann, als mein zweitältester Sohn, Timo, mir einmal sagte: »Paps, du musst unbedingt ein Buch schreiben! Ein Buch über Unternehmensethik.« Das hat mich überrascht. Timo hatte zu der Zeit europäisches Wirtschaftsrecht studiert und wir haben häufig über das Thema diskutiert. Ich hatte nicht erwartet, dass mein Sohn mir ein solches Buch zutraut. Er ließ nicht locker, bis ich ihm versprach, ein solches Buch zu schreiben. Einige Jahre später nahm ich mir eine Woche Zeit am Attersee, weil ich mein Versprechen einlösen wollte. Ich fand ein Hotel mit Zimmern, von deren Terrasse man direkt auf den See blicken konnte. Ein Eingangsschild informierte darüber, dass im selben Hotel Gustav Mahler verschiedene Werke komponiert hatte. Wenn das kein gutes Omen war.

Zufrieden setzte ich mich auf die Terrasse, bewaffnet mit meinem Laptop, auf dem ein neues Dokumentenfenster auf meine inspirierten Worte wartete.

Der Frust kam schnell, denn die wenigen Zeilen, die ich schrieb, lasen sich schrecklich gestelzt und schulmeisterlich. Ich gab auf und dachte, dass es irgendein anderes Buch, ein anderes Format sein müsste. Ich legte den Computer aufs Bett und nahm stattdessen Block und Bleistift mit auf die Terrasse.

Ich schaute auf den stillen, dunkelgrünen See, der eine beruhigende Wirkung auf mein Gemüt hatte.

Frank ging durch die große Eingangshalle.

Was war das? Eine Stimme aus meinem Innern oder nur ein verrückter Gedanke?

Frank ging durch die große Eingangshalle.

Schon wieder. Wie sollte so ein banaler Satz eine Inspiration sein? Doch er wollte nicht von mir weichen, also schrieb ich ihn auf meinen Block.

Fang an! Fang an!

Ich nahm meinen Laptop und begann, den Satz zu schreiben. Es wollte nicht mehr aufhören. Ich schrieb und schrieb und schrieb.

Nach vier Tagen war das Buch so gut wie fertig. Ich bat die Rezeptionistin, mir die Word-Datei auszudrucken. Als sie hörte, dass es sich um ein Buch handelte, wollte sie das Manuskript unbedingt lesen. Ich erlaubte es ihr unter der Bedingung, dass sie mir am nächsten Morgen ihre ehrliche Rückmeldung gibt.

Am nächsten Morgen kam sie an meinen Frühstückstisch und sagte, dass sie beinahe vergessen hätte, es zu lesen, weil sie abends mit ihrem Freund im Kino war. Erst gegen Mitternacht fiel es ihr wieder ein und sie nahm das Manuskript, um wenigstens die ersten Seiten zu lesen.

»Doch dann konnte ich nicht mehr aufhören. Es war einfach viel zu spannend. Ich habe es bis zum Ende gelesen und bin begeistert«, sagte sie mit einem anerkennenden Strahlen in den Augen.

Dieses Buch habe ich fünfmal drucken lassen und eines davon Timo geschenkt. Er hat sich sehr gefreut, war aber scheinbar ein wenig enttäuscht, weil er ein Sachbuch erwartet hatte und keinen Roman mit erotischen Szenen.

Das war mein erstes Buch. Ich habe es für einen meiner vier Söhne geschrieben und nie veröffentlicht. Ich wollte nie wieder ein weiteres Buch schreiben. Für wen? Und was war mein Motiv? Anerkennung? Ego?

Die magische Anziehungskraft des Taygetos

Na, Sie ahnen es natürlich. Schließlich lesen Sie ja gerade mein zweites Buch. Es wurde langsam aber sicher zu einer Gewissheit, dass Swiss Harmony einen geistigen Überbau, wie ich es nenne, bekommen muss. Sie erinnern sich an das Blitzen im schwarzen Loch? Doch irgendwie hatte sich das Blitzen nicht so recht verdichten wollen und es blieb lange nur ein Gedanke, eine vage Idee.

So geschah wieder einmal Unerwartetes, als mich ein guter Freund zu seinem Geburtstag einlud. Er lebt mindestens ein Drittel des Jahres in Griechenland, und in diesem Falle bedeutete diese Einladung eine Reise dorthin. Ich war nur einmal vorher in Griechenland, anlässlich einer Kreuzfahrt durch die Ägäis. Aber das war schon vierzig Jahre her.

Also flog ich nach Athen, fuhr drei Stunden über herrlich neue Autobahnen nach Kalamata und dann noch ein gutes Stück durch die Berge bis zu dem kleinen Fischerort. Es war inzwischen Mitternacht, als ich in Kardamyli einfuhr. Der Ort war herrlich erleuchtet, denn es war schon Mai und es herrschte trotz der späten Stunde rege Betriebsamkeit. Fußgänger auf der kleinen Durchgangsstraße, an deren Seiten viele kleine Cafés zum Verweilen einluden. Meine Seele, ja es war meine Seele, teilte mir unmissverständlich mit: »Hier ist es! Hier will ich bleiben.«

Ich war total irritiert, weil ich solche Impulse nicht kenne. Doch die Botschaft war eindeutig und das Gefühl blieb während der ganzen Woche, die ich dort war, in meinem Innern präsent.

Dieser Impuls war umso ungewöhnlicher, als ich doch über zwanzig Jahre in der Algarve gelebt hatte. Ich erinnerte mich noch gut, dass ich jedes Mal, wenn ich von einer Reise wieder zurück nach Faro flog, so etwas wie eine innere Orientierung brauchte. Ich musste mir vergegenwärtigen, dass dort, in der Algarve, mein Zuhause auf mich wartete, meine Frau und meine Kinder und eine angesehene Immobilienagentur, die mir gehörte.

Und hier, in einem Ort, an dem ich in diesem Leben nie zuvor gewesen war, sagt mir mein Innerstes. »Hier bin ich zuhause.«

Der Impuls war so stark, dass ich mich nach Häusern erkundigte, die man das ganze Jahr über mieten konnte, und ich war nicht überrascht, dass man mir ein wunderschönes Objekt nur zwölf Kilometer außerhalb des Ortes anbot. Ich griff zu.

Und hier sitze ich nun, anderthalb Jahre später, und schreibe diese Zeilen.

Sie werden sich jetzt fragen: »Warum erst anderthalb Jahre später?«

Das hat Gründe, die ich Ihnen im Folgenden beschreiben werde. Zunächst jedoch möchte ich Ihre Aufmerksamkeit auf das Wirken jener »Kraft« lenken. Bei meinem ersten Buch hat es mich zum richtigen Hotel geführt, in dem schon Gustav Mahler inspiriert wurde und mein Buch sich beinahe selbstständig aus dem chaotischen Potenzial aller möglichen Buchstaben herausschälte.

Und wenn die »Kraft« für eine Einladung sorgte, die mich an einen Ort brachte, der mich nicht mehr losließ, dann blieb in mir nur Staunen und Vorfreude auf das, was sich ereignen wollte.

So zog ich denn im Juli 2018 nach Griechenland und genoss meine neue Heimat, in der ich mich auf magische Weise in einer permanenten Umarmung wahrnahm. Da waren das Meer und das Gebirge mit seinem pyramidenförmigen, 2400 Metern hohen Taygetos, dessen Ausstrahlung in den tiefsten Ebenen meines Selbst spürbar war. Jede meiner Zellen schien zu frohlocken, wenn ich, so wie jetzt in diesem Moment auch, während ich diese Zeilen schreibe, auf der Terrasse mit Meerblick saß und die traumhaftesten Sonnenuntergänge bewundern konnte. Ich fühlte mich wie im Paradies.

Ich hatte für mich entschieden, aus dem Tagesgeschäft von Swiss Harmony auszusteigen und die Geschäftsführung vollständig meinem jüngsten Sohn zu überlassen. Rechtfertigen konnte ich es mir durch einen Trick: Ich sagte mir, dass ich hier in Griechenland das lange fällige Buch schreiben würde.

Naja, das war tatsächlich meine ehrliche Absicht, nicht nur eine Rechtfertigung.

Doch die »Kraft« hatte anderes vor. Allerdings brauchte ich lange, bis ich es erkannte.

In der Balance bleiben

Die innere Intelligenz erkennen

All das, was Sie bisher über mich und meine Erlebnisse gelesen haben, soll verdeutlichen, dass es lebensentscheidende Einflüsse gibt, die von einer Instanz ausgelöst werden, die ich als die »Kraft« bezeichne. Ich habe für mich die Schlussfolgerung gezogen, dass diese »Kraft« nichts anderes ist als mein höheres Selbst. Ich nenne es gerne auch mein göttliches Selbst. Damit bewege ich mich natürlich auf dünnem Eis, weil der Begriff Gott mit religiösen Überzeugungen der unterschiedlichsten Art in Verbindung gebracht wird. Es gibt wohl kaum einen Begriff, der kontroverser und heißer diskutiert wird als Gott.

Doch bitte erinnern Sie sich an mein Vorwort! Ich schreibe dort, dass es darum geht, alles Wissen, alle erlernten Konzepte und alle Überzeugungen hinter sich zu lassen und frisch hinzuschauen. Vergessen wir doch für einen Moment die Bibel, den Koran und all die anderen heiligen Schriften. Vergessen wir all die Attribute, die man dem Begriff Gott gegeben hat und schauen wir doch einfach nur das an, was wir wirklich erfahren und erspüren.

Haben Sie einmal darüber nachgedacht, was dazugehört, dass Sie diese Zeilen lesen können? Sie brauchen dazu zum Beispiel Ihre Augen. Haben Sie Ihre Augen erschaffen und ihnen beigebracht, wie sie die Außenwelt erkennen können? Haben Sie sich jemals gefragt, wie das Gelesene überhaupt Ihr Bewusstsein erreicht? Und obwohl Sie vielleicht erleben, dass sich Ihr Darm meldet, während Sie dies lesen, fragen Sie sich sicher nicht, welche Prozesse in Ihrem Körper notwendig waren, damit Sie es überhaupt wahrnehmen konnten. Machen Sie sich Gedanken, welche Zellen, Organe, Gelenke und Muskeln aktiviert werden müssen, damit Sie den Weg zur Toilette nehmen können? Wie kann es möglich sein, dass Ihr gesamter Körper ohne Ihr Zutun perfekt aufeinander abgestimmt ist? Haben Sie sich nie gefragt, warum alle Bewegungen, wie das Umblättern auf die nächste Seite, so selbstverständlich und fließend stattfinden können?

Genau genommen nehmen wir bewusst nur Einfluss auf äußere Dinge wie Essen und Trinken, sich zum Schlafen legen und so weiter. Die eigentlichen Prozesse in unserem Körper werden doch offensichtlich nicht bewusst von uns beeinflusst, sondern unterliegen einer Intelligenz, die sich uns nicht wirklich erschließt und doch in uns vorhanden sein muss.

Ist es tatsächlich so, dass sie sich uns nicht erschließt? Könnte es vielleicht sein, dass wir die Aufmerksamkeit für diese Intelligenz verloren haben? Liegt es vielleicht daran, dass unser Fokus permanent auf die Außenwelt gerichtet ist und nur selten auf unser Innerstes?

Jeden Tag vertrauen wir darauf, dass uns jene Intelligenz erhalten bleibt. Mehr noch: Wir betrachten es als Selbstverständlichkeit und schrecken vielleicht erst dann auf, wenn sich Krankheiten zeigen. Dann laufen wir zum nächstbesten Arzt und erwarten, dass er uns wieder in Ordnung bringt.

Was soll er denn in Ordnung bringen, frage ich mich. Ist jene Intelligenz plötzlich an ihre Grenzen gestoßen? Hat sie vielleicht versagt? Ganz sicher nicht! Es ist wohl eher so, dass wir jener Intelligenz dazwischengefunkt haben. Unregelmäßige und schlechte Ernährung, schlechte Gewohnheiten wie zum Beispiel Rauchen und eine negative Lebenseinstellung beeinflussen ihre Arbeit. Ich habe gelernt, dass jede Krankheit, jedes Symptom ein Zeichen dafür ist, dass ich nicht mehr in meiner Balance bin. Wenn ich also zum Arzt laufe und von ihm erwarte, das Symptom wegzumachen, verbessere ich nicht meine Balance. Ich vergrößere das Ungleichgewicht.

Wie ein »unheilbares« Ekzem in vier Wochen verschwand

Kann ich das behaupten, weil es meine Erfahrung ist? Ja. Ich habe es am eigenen Körper immer wieder erfahren müssen.

Die offensichtlichste Erfahrung hatte ich während meiner ersten Ehe, als sich völlig unscheinbare Bläschen am Mittelfinger meiner rechten Hand zeigten. Irgendwann gingen sie auf und trockneten aus, während neue entstanden. Als es mir zum Ärgernis wurde, half ich mir mit Kortison. Das half. Wenn auch nur für einige Wochen. Die Bläschen kamen wieder und es waren mehr als vorher. Wieder war Kortison die Lösung.

So ging es mehrere Jahre. Kortison half zwar, doch wurden die Abstände kürzer, bis die Bläschen wieder auftauchten, und mit jedem Mal wurden sie deutlich mehr. Sie bildeten sich nicht nur am Mittelfinger, sondern auch an anderen Fingern der rechten Hand. Meine Besorgnis erhöhte sich, als sich die gleichen Bläschen auch an der linken Hand bildeten.

Heute weiß ich, dass Kortison eine schlechte Wahl war, doch ich wollte die Bläschen einfach nur loswerden, denn sie juckten auch unangenehm.

Meine Ehe war zunächst einvernehmlich gut. Nach dem Verkauf meines Verlages und der bereits beschriebenen Erkenntnis hatte sich das Einvernehmliche jedoch deutlich geändert. Das war nur verständlich, denn meine Frau und ich hatten zuvor noch dieselben Vorstellungen vom Leben, und gleiche Werte waren die Basis unserer Ehe. Doch genau die hatte ich dann plötzlich abgelegt und mich neu ausgerichtet. Sie machte sich über meine regelmäßigen Meditationen lustig und konnte nicht ertragen, wenn ich barfuß durch die Wohnung lief. Sie verlangte von mir, dass ich mich mit meinen neuen Erkenntnissen bei unseren Kindern zurückhalte. Es wurde mit der Zeit immer feindseliger und unerträglicher. Doch ich war weit davon entfernt, den Gedanken einer Trennung zu hegen.

Ich will es kurz machen:

Irgendwann, etwa nach vier Jahren, waren meine beiden Hände offene Wunden. Ich übertreibe nicht. Beide Handinnenflächen und alle Finger zeigten nur noch rohes Fleisch. An den Füßen ging es seit einigen Monaten auch schon los. Glauben Sie nicht, ich hätte nichts dagegen unternommen. Ich war während des vierten Jahres in zwei verschiedenen Unikliniken, doch deren Hautspezialisten hatten keine Antwort, geschweige denn eine Lösung zur Hand. Ihre einzige Hilfe war, dass sie meine Hände dick mit Spezialsalben eincremten, Verbände umlegten und mir Stoffhandschuhe gaben. So konnte ich wenigstens wieder die nötigsten Arbeiten ohne Schmerzen erledigen. Doch Heilung wollte sich nicht zeigen.

Zur gleichen Zeit verschlechterte sich die Beziehung zu meiner Frau erheblich, und die Trennung wurde unumgänglich. Ich zog in ein kleines Studioapartment in Düsseldorf, und meine Überraschung war groß, als ich beobachten konnte, wie sich der Zustand meiner Hände verbesserte. Innerhalb von einem Monat war alles verheilt.

Mir wurden die Zusammenhänge schnell klar. Ich lebte mit dem Gefühl einer inneren Zerrissenheit, denn ich wollte unbedingt an meiner Ehe und meinen Kindern festhalten. Andererseits zog es mich in eine andere Welt, die meine Frau ablehnte. Die Trennung fiel mir unsagbar schwer, doch als ich feststellen musste, wie meine Hände wieder heilten, wusste ich, dass die Entscheidung goldrichtig war.

Innere Balance, das Ego und die Angst

Sie erkennen sicher, dass wir auf die innere Balance achten sollten, wenn wir gesund bleiben wollen. Alles andere regelt die innere Intelligenz.

Nun können Sie sich fragen, wieso diese Intelligenz nicht auch dafür sorgen kann, dass wir in unserer Balance bleiben.

Ich bin zu der Erkenntnis gekommen, dass es ihr unmöglich ist, weil wir Menschen einen freien Willen haben. Und hier kommen die Fäden wieder zusammen, denn die meiste Zeit meines Lebens hatte ich den freien Willen meinem dominanten Ego überlassen. Mein kleines Selbst hat mich bestimmt.

Ich habe für mich herausgefunden, dass die zentrale Antriebsfeder meines Egos Angst ist. Wenn ich die Angst als real zu erkennen glaube, erfasst sie mein Denken und Handeln und paralysiert mich für die Wahrnehmung meines höheren Selbst.

Ist Ihnen aufgefallen, wie in unserer Gesellschaft Ängste erzeugt und geschürt werden? Wenn wir vor etwas Angst haben, sind wir verführbar für jeden, von dem wir hoffen, dass er uns die Angst nehmen kann. Beobachten Sie die Medien? Sie sind heute nichts anderes als Angstgeneratoren, in Szene gesetzt von multinationalen Konzernen, die wiederum im Besitz nur weniger Menschen sind, die an den Machthebeln der Welt unser Denken und Handeln beeinflussen. Kontrolle bedeutet ihnen alles, und ein Volk ist leicht zu kontrollieren, wenn man mit dem Faktor Angst geschickt umgeht.

Die Illusion Angst

Jahrelang hatte ich behauptet, keine Angst zu kennen. Viele Menschen tun dies. Es ist ein sicherer Weg, seine Ängste zu ignorieren, sie zu unterdrücken. Heute kommt es mir so vor, als hätte ich auf einem Misthaufen gesessen und mir gesagt: Mist? Ich sehe keinen Mist. Riechen? Ich rieche keinen Mist.

Das Faszinierende daran ist, dass ich es ehrlich meinte. Ich war davon überzeugt, dass ich keine Ängste hatte.

Ich lebte ein Leben ohne Angst. So dachte ich.

Das Brotmesser an meiner Kehle

Eines Tages – ich war damals etwa 32 Jahre alt – wurde ich von einer Frau zu ihr nach Hause eingeladen. Ich hatte sie ein paar Monate zuvor kennengelernt und mich in sie verliebt. Sie lebte zu dieser Zeit noch mit einem anderen Mann zusammen, der während meines Besuches nicht von ihrer Seite wich. Den Abend verbrachten wir zu dritt in ihrem Wohnzimmer. Es war vereinbart, dass ich die Nacht dort auf der Couch verbringen würde, weil es weit und breit keine andere Übernachtungsmöglichkeit gab. Es wurde spät, und meine Auserwählte ging bereits zu Bett, während ich ein angeregtes Gespräch mit ihrem damaligen Partner führte. Er war ein impulsiver, in seinen Gesten und Gedanken unberechenbarer Mensch und hatte zu viel Wein getrunken. Es dauerte nicht lange, bis er die Anspannung, die während des ganzen Abends spürbar in der Luft hing, nicht mehr aushielt. Er sprang plötzlich auf, rannte in die Küche und kam mit einem langen Brotmesser zurück.

Er lief direkt auf mich zu, hielt es mir an die Kehle und sagte: »Ich weiß, was du vorhast. Du willst mir mein Mädchen wegnehmen. Doch da hast du dich geschnitten. Ich werde dich jetzt einfach umbringen, dann kannst du mir erst gar nicht in die Quere kommen.«

In meiner festen Überzeugung, keine Angst zu kennen, blieb ich total unbeeindruckt sitzen.

»Wenn es jetzt zu Ende sein soll, dann ist es wohl zu Ende«, dachte ich mir.

Ich antwortete gelassen: »Dann wäre der Weg für dich frei, doch er würde dich direkt ins Gefängnis führen. Da hättest du auch nicht gerade viel von deinem Mädchen, oder?«

»Reiz mich nicht, du! Sonst steche ich zu! Ich bin bekannt für meine Kaltblütigkeit.«

Meine Gelassenheit wurde immer demonstrativer: »Na dann tue es endlich und rede nicht so viel!«

Ein Moment der Spannung. Er sah mich mit blitzenden Augen an. Das Messer hielt er immer noch an meinem Hals.

Waren es Sekunden oder Minuten? Ich weiß es heute nicht mehr. Irgendwann wandte er sich ab und meinte, er ginge jetzt zu Bett.

Was habe ich daraus gelernt? Ich fühlte mich bestätigt: Ich kenne keine Angst. Ich fühlte mich als Gewinner und nahm mir später seine Freundin zur Frau.

Natürlich hatte ich Angst. Ich schwitzte unter den Armen, mein Puls ging rapide und mein Adrenalinspiegel war gut gesättigt. Hatte ich es bemerkt? Nein. Warum weiß ich es heute besser? Weil ich mich heute in innerster Kontemplation in diese Szene zurückversetzen und jedes einzelne Detail abrufen kann. Im Unterschied zur damaligen, real erlebten Situation trage ich heute keinen Ich-kenne-keine-Angst-Filter.

Heute fasziniert mich an dieser Thematik am meisten, wie es mir jahrelang gelingen konnte, das Monster »Angst« so perfekt zu leugnen. Wie konnte ich es übersehen?

Dieses Erlebnis hatte nur eine relativ kurze Zeit lang für – damals unerkannte – Ängste gesorgt, vielleicht zwei bis drei Jahre, dann hatte ich es vergessen, und nur, wenn es darum ging, meine heldenhafte Haltung zur Angst darzustellen, zog ich es wieder aus meiner mentalen Schublade.

Doch es gibt andere Ereignisse in meinem Leben, die sich deutlich weniger dramatisch abspielten, jedoch umso weitreichendere Folgen hatten.

Ich schreibe von besonderen Ereignissen, die zunächst nicht mit dem Thema Angst in Verbindung gebracht werden, die tatsächlich auch keine spontane Angst auslösen. Selbst wenn ich also meine Ängste als solche bewusst erkennen würde, bliebe mir das Angstpotenzial solcher Ereignisse zunächst unerschlossen. Sie sind im Gegenteil eher völlig harmlos und unauffällig.

Sie entstehen im Dialog mit anderen Menschen.

Wenn sich ein Dialog zu einer Auseinandersetzung entwickelt, kann dies unangenehm werden, denn Worte haben Macht.

Unterschwellige Ängste erkennen

Es sollten mehr als dreißig Jahre vergehen, bevor ich die ganze Tragweite einer Auseinandersetzung erkannte, die ich als 18-Jähriger mit meinem Vater hatte.

Ich schrieb darüber bereits in vorangegangen Kapiteln. Ich sagte voller Überheblichkeit zu meinem Vater: »Ich werde dir beweisen, dass ich mit 30 Jahren nicht auf meiner Hände Arbeit angewiesen bin.«

Mein Vater war Maurermeister und hatte aufgrund der Kriegsjahre höchstens zwei Jahre in einer Schule verbracht. Er hatte Herzensbildung und einen gesunden Menschenverstand, doch er konnte nicht sehr gut lesen und schreiben. Beides bereitete ihm viel Mühe und Unbehagen. Doch mir hat er durch seiner Hände Arbeit das Abitur ermöglicht. Für ihn war das Leben ein einziger Existenzkampf, wie er häufig genug erklärte.

Das war dann wohl auch der Grund für seine Antwort auf meine kühne Behauptung: »Du? Pass du mal lieber auf, dass du nicht irgendwann in der Gosse landest!«

In Verbindung mit meinem Vater hatte ich genau genommen zwei Angstthemen, die ich erst viel später erkannte und auflösen konnte.

1. Angst vor Ablehnung

Als Immobilienberater in Portugal fiel es mir zunächst sehr schwer, erfolgreich zu sein. Meine Familie und ich lebten in den ersten zwei Jahren von der Hand in den Mund. Eines Tages dachte ich darüber nach, was wohl wäre, wenn wir selbst in einer jener Prachtvillen wohnten und meine Eltern uns besuchen kämen. Sofort wurde mir unbehaglich. Ich spürte Angst, von meinem Vater verachtet zu werden. Für ihn waren reiche Leute und jeder Mercedes-Fahrer Bonzen. »Alles Verbrecher, die andere für sich schuften lassen.« Somit wäre ich für ihn auch zum Verbrecher geworden, kam mir sofort in den Kopf.

Ich ließ es nicht darauf beruhen und rief ihn an. Ich erzählte ihm von meiner Angst und war überrascht, dass sie völlig unbegründet war, denn er erwiderte:

»Mensch, Junior! Mein lieber Junge! Nichts würde mich glücklicher machen, als zu wissen, dass du es geschafft hast. Ich will, dass du in einer schönen Villa wohnst und ein dickes Auto fährst.«

Seitdem war der Erfolg meiner Agentur nicht mehr zu bremsen. Ich begriff, dass mich meine Angst vor Ablehnung meines Vaters unbewusst am Erfolg gehindert hatte.

2. Angst vor der Gosse

Die Antwort meines Vaters ging tiefer, als ich dachte. Sie aktivierte ein unbewusstes Informationsfeld in mir, in dem die Emotionen meiner Eltern gespeichert waren, die ich bereits im Mutterleib gespürt hatte. Wir alle übernehmen schon während der Schwangerschaft unbewusst alle Emotionen und Gefühle unserer Eltern und vor allem unserer Mutter.

Seit mein Vater mit seiner Warnung seine Angst vor der Gosse auf mich gerichtet hatte, blieb sie bei mir aktiviert. Heute bin ich überzeugt, dass diese unbewusste Angst letztlich dafür verantwortlich war, dass ich Ende 2008 den Zusammenbruch meiner Agentur erreichte. Das, wovor ich am meisten Angst hatte, wenn ich es auch nie zugegeben hätte, hatte ich letztendlich eigenhändig herbeigeführt. Sicher war es eine gute Erfahrung für mich, weil ich seitdem genau von dieser Angst befreit wurde. Schließlich hatte ich jetzt meine persönliche Gosse erlebt und keinen Grund mehr, diese Angst aufrechtzuerhalten. Damit war der Aufbau von Swiss Harmony ungefährdet, weil ich frei von solchen inneren Saboteuren handeln konnte.

Heute schaue ich gnadenlos hin und überprüfe immer wieder alle meine Entscheidungen und Lebenssituationen im Hinblick auf versteckte Motivatoren, wie Angst einer sein kann.

Meine Empfehlung an Sie, liebe Leserinnen und Leser: Unterschätzen Sie nicht die Kraft der Gedanken und Gefühle, die Sie irgendwo weggeschlossen haben. Sie wirken trotzdem. Ich habe auf die harte Art gelernt, dass ich das, was ich ablehne, fürchte und verdränge, mit Energie versorge und damit auf die eine oder andere Weise in die erlebte Wirklichkeit bringe.

Angstfrei zu leben ist möglich

»Was ist aber, wenn ich tatsächlich Angst vor etwas habe? Wie soll ich damit umgehen?« könnten Sie sich jetzt fragen. Meine Erfahrung ist, dass mit dem Erkennen der Angst bereits ein wesentlicher Schritt zu ihrer Auflösung getan ist. Ich stelle mir dann das schlimmste Szenario vor, das entstehen könnte und denke mir: »Wenn mein höheres Selbst diese Erfahrung für mich beschlossen hat, dann soll es halt so sein, weil selbst das zu meinem Besten ist. Denn es ist immer alles perfekt.« In meinem Erleben war die Angst damit jedes Mal völlig verschwunden.

Warum hat Angst so viel Einfluss auf unser Denken und Handeln? Können wir nicht eine Art Immunität gegen Angst entwickeln?

Sie denken vielleicht: »Unmöglich! Was für eine stupide Idee! Angst gehört zum Menschen wie alle anderen Gefühle auch.«

Doch ist die Frage deshalb abwegig?

Ich versetze mich in den Jäger aus der Steinzeit und stelle mir vor, wo Angst entstehen könnte. Wenn ein wildes Tier mich anzufallen droht, spüre ich Angst. Wenn ich plötzlich merke, dass mein Weg an einem steilen Abhang endet, spüre ich keine Angst, sondern erkenne eine potenzielle Gefahr, die ich vermeiden kann. Ich vermeide nicht aus Angst, sondern aus Erkenntnis. Wenn der Jäger für Nahrung sorgt, weil er aufgrund schlechter Wetterbedingungen für eine längere Zeit vorsorgen muss, motiviert ihn nicht die Angst, sondern die Vernunft.

Ich differenziere zwischen gesunder Angst, die von einer akuten Bedrohung völlig automatisch aktiviert wird und der Angst, die ich in mir selbst erzeuge, wenn ich mich in eine potentiell gefährliche Situation hineindenke. Ich male mir aus, wie schrecklich es sein muss, in der Gosse zu landen und entwickle eine Angst davor. Damit erschaffe ich ein mentales Gebilde, das mich in meinen Entscheidungen beeinflusst. Die so erschaffene Angst steuert mich, während mein Vertrauen in meine innerste Kraft verloren geht.

Ich wiederhole meine Frage: Können wir nicht eine Art Immunität gegen Angst entwickeln?

Und ich sage: Ja! Ich kann erkennen, ob ich mich in einer akuten Gefahr befinde oder mir nur ausmale, wie gefährlich etwas in Zukunft sein könnte. Wenn Letzteres zutrifft, kann ich entscheiden, dass mir meine »Kraft« nur Geschenke bringt und diese Form der Angst illusorisch ist.

Gott – eine Fiktion oder gelebte Realität?

Ich lebe nicht von Gott getrennt

Für mich ist Gott die eine Quelle, die eine Intelligenz und das eine Bewusstsein. Damit meine ich, dass es keine andere Quelle, keine andere Intelligenz und kein anderes Bewusstsein gibt als das göttliche.

Es durchdringt alles, was ist und sein wird. Das wahrhaft Göttliche hat das Raum-Zeit-Kontinuum erschaffen. Es durchdringt alles und jeden und ist gleichzeitig völlig außerhalb seiner eigenen Schöpfung. Uns Menschen fällt es schwer, uns etwas vorzustellen, das jenseits des Raum-Zeit-Kontinuums existiert. Deshalb bin ich davon überzeugt, dass Gott von den meisten Religionen dieser Welt missverstanden wird, weil das Phänomen Gott aus der begrenzten Perspektive unseres Raum-Zeit-Verständnisses betrachtet und gedeutet wird. Das Ergebnis ist, dass die meisten Menschen ihn personifizieren, ihm ein Geschlecht geben und ihn als eine Macht ansehen, die außerhalb von uns existiert.

Doch Gott ist alles, was wir sind und alles, was wir sehen. Es gibt nichts, was nicht göttlich ist. Wir neigen dazu, nur das sogenannte Gute als von Gott gewollt anzusehen und das Böse einer anderen Macht, dem Teufel, Satan oder Luzifer zuzuordnen, als wären sie keine von Gott geschaffenen Elemente seiner Schöpfung.

Dies ist im Rahmen unserer Realität sicher hilfreich, wenn wir als Einzelwesen vor Entscheidungen stehen. Wir definieren uns dadurch, dass wir innerhalb der Dualität eine Position einnehmen. Wir wollen zu den »Guten« gehören und verdrängen mehr oder weniger erfolgreich alle inneren Kräfte, die nicht in unser Weltbild passen. Wir wollen sie nicht sehen und leugnen sie vor unseren Mitmenschen und vor allen Dingen vor uns selbst.

Wenn ich verstehe, dass das Göttliche das ultimative und einzige Bewusstsein ist, das existiert, dann kann ich auch erkennen, dass ich mit dem Leugnen der dunklen Kräfte in mir das göttliche Bewusstsein auf persönlicher Ebene wesentlich beschneide.

Wenn ich den Mut habe, die Gedanken und Gefühle in mir wahrzunehmen, die sich nicht mit meinen Vorstellungen des »Guten« vereinbaren lassen, erweitere ich mein selbstbeschnittenes Bewusstsein und damit mein Selbst-Verständnis. Dabei geht es nicht darum, das »Böse« in mir zum Ausdruck zu bringen, sondern anzuerkennen, dass es vorhanden ist und herauszufinden, welchen unterschwelligen Einfluss es auf mein Denken und Handeln hat.

Seitdem ich begriffen habe, dass ich nicht von Gott getrennt bin, sondern alles in mir bis auf die kleinste Zelle von Gott durchdrungen ist, kann ich auch meine »böse« Seite betrachten, denn auch die ist göttlich.

Gott ist für mich das eine Bewusstsein, das sich in allen Erscheinungsformen selbst erfahren will. Wohlgemerkt: alle Erscheinungsformen, das ganze

Spektrum unseres irdischen Daseins, soweit sich sein »Spielfeld« auf uns Menschen bezieht. Ich kann mir gut vorstellen, dass Gott unzählige Spielfelder der Selbsterfahrung erschaffen hat. Unser Universum, wie wir es zu kennen glauben, ist ganz sicher nur ein kleiner Teil seiner »Experimente«.

Ich bin mir sicher, dass ich mich mit seinem Bewusstsein verbinden kann, wenn ich mich und meine äußere Welt nicht einfach nur beobachte, sondern mir die tiefe Instanz vergegenwärtige, die meine Wahrnehmung beobachtet, wenn ich also zum Beobachter des Beobachters werde.

Für mich ist mein Leben mehr und mehr zu einem Fest geworden, seitdem ich mich entschlossen habe, mein begrenztes Bewusstsein nicht als Grundlage für mein Handeln zu benutzen. Stattdessen stelle ich meinen Willen so gut es geht hinten an und versuche, mit meiner Aufmerksamkeit beim Beobachter des Beobachters zu bleiben. Dann muss ich nichts mehr bewerten und entscheiden, denn Handlungs- und Denkimpulse entstehen wie von selbst. Inzwischen ist es mir nahezu unmöglich geworden, eigennützige Entscheidungen zu treffen oder Aussagen zu machen, weil ich sie bereits im Ansatz als Impulse meines Egos erkenne, das gerne wieder die Führung übernehmen würde.

Wir alle sind Gott

Mehr und mehr wird mir klar: Gott bin ich selbst. Er ist weder im Himmel, noch ist er gestorben, wie manche Menschen gerne behaupten. Ich bin Gott. Und Sie, liebe Leserinnen und Leser, sind es auch!

Ein indischer Meister, Muktananda, wurde einst von einem Journalisten einer amerikanischen Zeitung spöttisch gefragt: »Sie behaupten also von sich, Sie seien Gott? Ist das nicht eine unerhörte Überheblichkeit?«

Muktananda daraufhin: »Tatsächlich bin ich Gott. Wer denn sonst? Auch Sie sind Gott. Der Unterschied zwischen Ihnen und mir ist lediglich, dass ich es weiß und Sie nicht.«

Ich bin mir völlig bewusst, dass beinahe jeder Mensch auf solch eine Aussage ablehnend reagiert. Dafür gibt es handfeste Gründe. Unsere Menschheitsgeschichte ist voll von Beispielen, in denen mutige Menschen sich als Gott oder göttlich erklärt hatten und daraufhin als Ketzer bezeichnet, mindestens eingesperrt und in den schlimmsten Fällen getötet wurden. Diese Informationen sind im kollektiven Informationsfeld erhalten geblieben und prägen unsere Gesellschaft wie jeden Einzelnen von uns heute noch. Sicher glauben Sie mir, dass auch ich gemischte Gefühle habe, diese Zeilen zu schreiben. Schaue ich aber genau hin, erkenne ich, dass es sich um Angst handelt. Angst vor den Reaktionen der Öffentlichkeit. Ich spüre keine Angst vor Gott. Im Gegenteil: Ich würde ihn/mich verleugnen, wenn ich mich nicht offen zu meiner Wahrheit bekenne.

Wessen mache ich mich schuldig, wenn ich sage: »Ich bin Gott«? Seien wir ehrlich, es sind nur die Regeln unserer Religionen, die es mir verbieten. Glauben Sie wirklich, jener Gott unserer Kirchen würde sich empören und mich bestrafen? Ich denke eher, dass Gott erfreut wäre, wenn er mich denn als personifiziertes Wesen im Himmel beobachten sollte. Er würde wohl sagen: »Endlich hat er es begriffen!«

Wenn ich sage, ich sei Gott, dann hat es nichts mit Allmacht im herkömmlichen Sinne zu tun. Auch fühle ich mich deshalb nicht besser oder weiterentwickelter als andere Menschen. Wer sich als Gott erkannt hat, sieht ihn nicht nur in sich selbst, sondern in allem, was er sieht. Er erkennt ihn in jedem einzelnen Menschen, in jedem Tier, in jeder Pflanze und in allen sogenannten unbelebten Objekten unserer Realität. Warum? Weil es in Wahrheit nur Gott gibt und alles mit allem verbunden ist.

Um es mir selbst besser erklären zu können, stelle ich mir immer wieder vor, wie mein dicker Zeh darauf reagieren würde, wenn mein kleiner Finger ihn berührte und ihm sagte: »Hey du, wir sind eins.«

Sich als Gott zu erkennen, führt zu einer absichtsfreien Haltung. Sie erzeugt einen ausgewogenen Seinszustand, der weder Bestätigung noch Bewunderung benötigt. Er macht eher demütig und stärkt das Mitgefühl für unseren Nächsten und den Respekt für dessen Lebensreise. Vor allem aber macht es angstfrei.

Mein göttlicher Tankwart

So gehe ich durch die Welt und erkenne, dass zwar jeder Mensch anders aussieht und andere Lebensthemen hat, doch genauso zu diesem einen unteilbaren göttlichen Bewusstsein gehört wie ich auch.

Zugegeben, dies ist eine der wichtigsten und anfänglich auch schwersten Übungen meines Lebens. Das Göttliche in jedem Menschen zu erkennen, fällt nicht leicht, weil wir Menschen uns meist nicht »göttlich« verhalten. Doch hier braucht es die Entschlossenheit, hinter die Illusion zu schauen.

Manchmal hilft es mir, mich als Zuschauer eines Theaterstücks zu sehen, an dem ich gleichzeitig auch mitspiele. Ich als Zuschauer bin der Beobachter des Beobachters. Nehmen wir zum Beispiel eine klassische Szene an einer Tankstelle. Als Mitspieler rede ich vielleicht gerade mit meinem Tankwart, und als Zuschauer erkenne ich, dass er genauso göttlich ist wie ich. Ich sehe Gott, der Tankwart »spielt«.

Ob in einem Café, im Auto oder im engsten Kreis meiner Liebsten, schaue ich mit dem Herzen, dann erkenne ich in allen Menschen die Genialität des göttlichen Ausdrucks.

Dabei fällt mir immer wieder auf, dass manche Menschen direkt auf meine Übung reagieren. Sie sagen oder tun etwas, das genau diese meine Wahrnehmung bestätigt. Ein Lächeln, das auch in ihren Augen zu erkennen ist, ein kurzer, aber eindeutiger Augenkontakt mit einer unausgesprochenen Botschaft: »Wir sind eins.«

Gott erkennt sich im Anderen.

In der göttlichen Ordnung leben

Können Sie sich vorstellen, was mit »Leben in der göttlichen Ordnung« gemeint ist? Ich kenne kaum einen Menschen, der sofort ein klares Bild davon hätte. Die Gründe liegen auch hier wieder einmal auf der Hand.

Es gab sicher eine Zeit, in der es für alle Menschen völlig selbstverständlich war, in der göttlichen Ordnung zu leben. Für sie war es so selbstverständlich, dass sie dafür nicht einmal einen Namen, eine Beschreibung gebraucht hätten. Vielleicht war der in der Bibel beschriebene Sündenfall, der auch in anderen Religionen mit ähnlichen Inhalten beschrieben wird, der Moment, als der Mensch jene göttliche Ordnung hinter sich ließ, sich von Gott getrennt fühlte und glaubte, sein Schicksal selbst in die Hände nehmen zu müssen.

Die Illusion vom strafenden Gott

Heute wird uns glauben gemacht, dass der Hinauswurf aus dem Paradies eine Entscheidung Gottes war, sozusagen eine Bestrafung für das Nichtbefolgen seiner Anweisungen. Doch was wäre, wenn Gott gar keine Entscheidung getroffen hat? Vielleicht waren wir es selbst, die nach und nach die göttliche Anbindung verloren hatten, weil uns unsere persönlichen Bedürfnisse wichtiger wurden. Ich würde sagen: »Wer sein göttliches Selbst nicht in Anspruch nimmt und sich stattdessen vom Ego fremdbestimmen lässt, hat sein inneres Paradies verlassen.«

In meinem Weltbild wäre diese Version sehr viel einleuchtender, weil mir nicht bekannt ist, dass Gott jemals in die Freiheit seiner Schöpfung eingegriffen hätte. Nun könnten Sie zur Recht erwidern: »Aber die Bibel ist doch voll davon. In beinahe allen Religionen gibt es den zürnenden und strafenden Gott.«

Genau hier liegt der Hase begraben, liebe Leserinnen und Leser. Was wäre, wenn sich die meisten Religionen den zürnenden Gott nur deshalb ausgedacht haben, um das Volk zu beherrschen? Genau genommen hatten sie es sich nicht einmal ausdenken müssen, denn heftige Unwetter, Schicksalsschläge und Todesnachrichten waren von uns Menschen besonders in der vorkirchlichen Zeit doch recht schnell als Strafe Gottes für Fehlverhalten interpretiert worden. Die Religionen hatten sich den strafenden Gott nicht ausdenken müssen, sondern die bereits vorhandenen Überzeugungen übernehmen können.

Mir ist bewusst, dass diese These selbst heute noch als ketzerisch bezeichnet wird. Doch wer den Mut aufbringt, die Bibel mit kritischen Augen zu betrachten, wer davon weiß, dass sie in den ersten Jahrhunderten nach Christi Geburt immer wieder von der Kirche verfälscht wurde, wer sein eigenes Leben und das seiner Mitmenschen genau auf vermeintliche Strafmaßnahmen Gottes überprüft, der wird sich fragen müssen: *Haben wir uns den strafenden Gott nicht doch selbst erschaffen? Ist dieser strafende Gott nicht ein Irrtum, wie auch das Gefühl, von ihm getrennt zu sein?*

Beantworten wir diese Frage mit einem mutigen »JA«, dann haben wir auch die Freiheit, wieder »ins Paradies«, in die göttliche Ordnung zurückzukehren.

Stellen wir uns also vor, dass wir Menschen in jeder Hinsicht alleine verantwortlich für alles sind, was unsere Realität ausmacht. Hier wären natürlich nicht nur alle materiellen Erscheinungsformen zu nennen, sondern vielmehr noch alle gesellschaftlichen Übereinkünfte, Überzeugungen, Religionen, alle wissenschaftlichen und philosophischen Inhalte.

Woher wollen wir wissen, dass sie ein Segen für die Menschheit sind? Ist es nicht eher so, dass sie uns heute eine Wirklichkeit beschert haben, die von Ängsten, Selbstsucht, Profitgier, Korruption sowie Mord und Totschlag beherrscht wird?

Wir haben die göttliche Ordnung in eine menschliche Hölle verkehrt. Doch das heißt noch lange nicht, dass uns die göttliche Ordnung verlassen hat. Gehört es denn nicht zur Freiheit eines jeden, die menschliche Hölle entweder zu ertragen oder aber aus ihr auszubrechen? Dazu muss man sie allerdings erst einmal als solche erkannt haben. Ein ausgesprochen schwieriger, aber ungleich lohnender Prozess für jeden, der sich dazu entscheidet.

Ich lade Sie ein, mutig umzudenken und Ihr Gedankengut, das zu 95 % kollektiv geprägt ist, kritisch zu prüfen. Fragen Sie sich, ob Sie weiterhin glauben wollen, was Ihnen vorgekaut wurde und heute noch weisgemacht wird. Erfinden Sie sich neu und lassen Sie alles Vergangene hinter sich. Nehmen Sie Ihr ganz persönliches Paradies in Anspruch. Es ist Ihr Geburtsrecht.

Der Anfang eines jeden Schöpfungsprozesses ist das Denken. Meistens bewegen sich unsere Gedanken um Vergangenes oder um die Zukunft. Es fällt schwer, Neues zu denken, weil wir mit Altem angefüllt sind. Wir definieren uns aus dem in der Vergangenheit Erlebten oder Erlernten. Kappen wir die Fäden unserer persönlichen Geschichte und die Fäden alten Wissens! Lassen Sie uns etwas Neues denken!

Sie mögen sich vielleicht fragen: »Schön und gut, aber wie mache ich das? Wo und wie anfangen?« Glauben Sie mir, es ist einfacher, als Sie denken.

Die fünf Schritte in die Selbstbestimmung

Der erste Schritt erfordert Mut: Lassen Sie sich auf die Möglichkeit ein, dass Gott nicht irgendwo im Himmel auf uns niederschaut und uns beobachtet, sondern dass er in Ihrem innersten Wesenskern »wohnt«. Sie haben die göttliche Qualität in sich und sind von ihr nie verlassen worden. Sie glauben mir nicht?

Dann fragen Sie sich doch, wieso die Billionen Zellen, aus denen Sie bestehen, so effizient zusammenarbeiten. Haben Sie eine Ahnung davon, wie viele Impulse in Ihrem Körper pro Sekunde ablaufen müssen, um alle seine Funktionen zu ermöglichen? Alleine bei den elektrischen Verbindungen schätzt man die Zahl auf 1 Billion pro Sekunde.

In meinen Vorträgen frage ich, ob sich jemand vorstellen kann, wieviel eine Billiarde ist. Ich schlage das Bild eines imaginären Sparschweins vor, in das ich pro Sekunde ohne Unterbrechung 24 Stunden am Tag an 365 Tagen jährlich einen Euro stecke und frage meine Zuhörer, wie lange ich dies nun tun müsse, bis 1 Billiarde Euro gespart sind.

Wenn ich dann sage, dass ich genau 100 Jahre lang am Sparschwein säße, ist die Überraschung groß. Total erschüttert sind die meisten, wenn ich dann ergänze: »Aber nur, wenn ich nicht alleine arbeite, sondern etwa dreihunderttausend Helfer dasselbe tun.«

Eine Billiarde elektrische Verbindungen in jeder Sekunde! Wenn Sie sich nicht einmal die Zahl vorstellen können, sollten Sie sich fragen:

Wer dirigiert all dies? Sie?

Ich behaupte: Natürlich sind Sie es! Wer denn sonst? Ich sollte korrekter schreiben: Es ist die göttliche Intelligenz, die Sie auch sind, die in Ihnen lebt, wie in jedem anderen Lebewesen auch.

Der zweite Schritt: Stellen Sie als Nächstes alles infrage, was Sie bis heute für richtig hielten.

Warum?

Weil wir seit Jahrtausenden vorsätzlich fehlinformiert wurden. Ohne ihr Wissen um ihre göttlichen Qualitäten und Fähigkeiten war die Menschheit besser zu kontrollieren. Also hat man es uns abtrainiert, wobei die Version des zürnenden Gottes, der alle in die Hölle schickt, die nicht nach seinem Willen leben, eine wichtige Rolle spielte. Ein genialer Schachzug der kontrollierenden Elite, die Überzeugungen des naiven Bürgers gegen ihn selbst einzusetzen.

Wenn Sie dies erkennen, dürfte Ihnen auch schnell klar werden, warum die Kirche im Mittelalter gnadenlos gegen Frauen und Männer vorging, die »übernatürliche« Fähigkeiten hatten und sie zum Wohle anderer einsetzten. Sie wurden als Hexen verbrannt oder ertränkt. Es durfte nicht sein, dass der Mensch sein Potenzial entdeckte.

Verabschieden Sie sich vom strafenden Gott. Den gibt es nur im Kopf all derer, die daran glauben wollen.

In Wirklichkeit gibt es nur einen einzigen Gott, und seine spürbare Qualität ist die Liebe. Sie existiert in jedem von uns und ist frei von Absichten, egal welcher Art. Sie ist einfach da, wie das Wasser in unserem Körper, im Kaffee, im Bier oder im Wein zu finden ist.

Wir haben in dem Moment das Spüren unserer innewohnenden Liebe verloren, als wir den Glauben annahmen, von Gott getrennt zu sein.

Damit haben wir uns von unserer »Quelle« getrennt, denn wir werden zu dem, was wir zu sein glauben, weil wir Schöpfer sind, ohne es zu wissen. In dem Moment, wo sich unsere Aufmerksamkeit, unser Bewusstsein auf einen äußeren Gott fokussierte, haben wir die Verbindung zu unserem innersten Kern getrennt. Zusätzlich wurde und wird dieser Prozess durch die Verbreitung von Angst verstärkt.

Liebe kennt keine Angst. In unserem täglichen Leben stehen wir mehrfach täglich vor der Entscheidung zur Liebe oder zur Angst. Nur zu schnell übernimmt bei vielen von uns die Angst, und schon ist die Verbindung zu unserem Wesenskern, der Liebe, unterbrochen.

Ein anderer Effekt der Entfremdung von unserem göttlichen Kern ist der Glaube an Mangel. Er ist eine logische Konsequenz aus dem Bewusstsein heraus, von Gott getrennt zu sein. Wenn ich von Gott getrennt bin, bin ich alleine und muss für mich sorgen. Hoffentlich ist genug für mich da. Ich muss es mir erkämpfen. Durch Arbeit, durch Verhandlungsgeschick, durch Betrug etc., etc.

Und damit sind wir beim **dritten Schritt**: Beobachten Sie sich permanent. Bei allem, was Sie tun. Beim Aufwachen beginnen, beim Einschlafen beenden.

Dies ist vielleicht der schwierigste von allen, weil er erfordert, dass Sie Ihre Gewohnheiten ändern, doch mit ein wenig Übung und Disziplin werden Sie es schaffen.

Es geht dabei um Ihren inneren Beobachter. Wenn Sie zum Beispiel in einem Straßencafé sitzen und die Fußgänger beobachten, die an Ihnen vorbeilaufen, sind Sie damit zum Beobachter geworden. Den meine ich jedoch nicht. Es geht mir hier vielmehr um den inneren Beobachter, der Sie beim Beobachten beobachtet. Sie kennen ihn vielleicht schon?

Ich habe damals damit angefangen, meinen Gefühlszustand zu beobachten. Wie fühle ich mich, wenn ich morgens aufwache? Freue ich mich auf einen neuen Tag, oder ist der Gedanke an das, was auf mich wartet, eher belastend? Wenn ja, warum belastet er mich? Ist er angstbesetzt? Welche Angst ist es? Ist die Angst tatsächlich berechtigt? Welche andere Ebene der Angst liegt darunter?

Diese Beobachtung halte ich während des Tages aufrecht, so gut ich kann. Wenn ich Entscheidungen treffe, wenn ich etwas sage, denke oder fühle, frage ich mich, was meine Motivation ist, welche Absichten ich damit verfolge.

Kurz gesagt, geht es um ständige Introspektion. Dadurch eröffnet sich ein völlig neues Bewusstseinsfeld, weil ich immer besser verstehe, wie meine innere Welt das Hier und Jetzt beeinflusst.

Je mehr und je länger ich mich in dieser inneren Welt aufhalte, umso deutlicher erkenne ich auch, welche meiner Motive und Absichten dazu führen, dass ich mich getrennt von meinem göttlichen Wesenskern fühle. Ich erkenne dies leicht, denn jede Form von Mangeldenken, jede Form von Konkurrenzgefühlen, jede Form von Ergebnisgebundenheit, jede Form von Bewertung sind eindeutige Hinweise, dass ich nicht im Einklang mit meinem göttlichen Kern bin, nicht in mir ruhe.

Damit sind wir mitten im **vierten Schritt**: Abweichungen von meiner Wahrheit erkennen.

Meine Wahrheit ist, dass es keine Trennung von der göttlichen Ordnung gibt. Ich vertraue darauf, dass es tatsächlich eine Art von göttlicher Dynamik gibt, die auf der nicht physischen Ebene mein Leben bestimmt, wenn ich mein individuelles Selbst mit all seinen Wünschen hintanstelle.

Sie fragen sich jetzt, was ich mit meinem individuellen Selbst meine? Es ist genau der Bewusstseinszustand, der mich glauben lässt, getrennt von Gott zu sein. Seit meiner Kindheit wurde er mit Wissen und Überzeugungen gefüttert, die mich veranlasst hatten, bei jeder passenden Gelegenheit meinen persönlichen Vorteil zu suchen.

Schließlich galt es zu überleben und das Beste daraus zu machen.

Dieser Zustand steht im Gegensatz zum göttlichen Bewusstsein, dem tief verwurzelten Vertrauen, dass alles perfekt ist, solange ich die göttliche Ordnung, die Liebe, zu meinem Lebensinhalt mache.

Der fünfte Schritt ist die konsequente und ständige Erinnerung daran, wer ich wirklich bin: eine Gestalt gewordene Erscheinung des Göttlichen. Ich bin göttlich.

Das ist nicht etwa ein hoher Anspruch, sondern die Wahrheit. Und es ist auch Ihre Wahrheit. Es ist die Wahrheit eines jeden Menschen. Eine Wahrheit, die uns seit Jahrtausenden vorenthalten wurde. Seien Sie versichert, dass unser kollektives Bewusstsein diese Wahrheit so grundlegend vergessen hat, dass eine Hinwendung und Rückbesinnung auf diese Wahrheit vehement bekämpft wird. Das Kollektiv lehnt alles ab, was verunsichert, infrage stellt oder Veränderungen nach sich ziehen könnte. Deshalb ist Ihre Eigeninitiative unbedingt erforderlich. Nur Sie selbst können sich aus den Fesseln der Gesellschaft befreien und all den Schutt abschütteln, der Sie bis jetzt daran gehindert hat zu erkennen, dass ihr Wesenskern göttlich ist, dass Sie selbst göttlich sind und über Fähigkeiten verfügen, die Sie bis heute für unmöglich hielten.

Zusammenfassung meiner Erkenntnisse

Ich fasse meine wichtigsten Erkenntnisse zusammen:

- Ich bin nicht von Gott getrennt, sondern trage ihn in mir. Wenn ich zögere, von Gott zu sprechen, kann ich genauso gut »Kraft« oder »mein höheres Selbst« sagen.
- So wie Gott die Geschicke des Universums regelt, regelt die »Kraft« auch das Funktionieren meiner Zellen. Ich kann darauf vertrauen, dass er auch meine Geschicke regelt, solange mein kleines Selbst (Ego) nicht dazwischenfunkt.

Also: Es ist immer alles perfekt.

- Angst ist für mich keine Option mehr, weil Gott keine Angst kennt und ich Vertrauen habe, dass immer alles perfekt ist.
- Ich kann alles, was mir im Leben passiert, in Dankbarkeit umarmen, weil ich weiß, dass es immer und überall zu meinem Besten geschieht.
- Ich muss nicht für meine Existenz kämpfen, weil die »Kraft« für mich sorgt. Die »Kraft« kennt keinen Mangel.
- Anstatt mich von meiner Außenwelt beeinflussen zu lassen, lerne ich, meinen Fokus nach Innen auf die »Kraft« zu richten, die mein Leben schöpferisch und regulierend bereichert und zum Fest werden lässt.
- Ich hinterfrage bei allen Handlungsimpulsen meine Motivation. Kommt sie aus dem Ego oder aus meinem höheren Selbst? Ich bemühe mich, Impulse des Egos nicht zu beachten.
- Ich erfahre mich in heiterer und dankbarer Gelassenheit und erkenne in allem, was ich sehe, das Wirken der »Kraft«.
- Ich glaube nur noch das, was sich durch meine eigene Erfahrung bestätigen lässt.

Können Sie meine Erkenntnisse als Wegweiser für Ihr eigenes Leben nutzen? Ich wünsche es Ihnen. Vielleicht sollte ich noch erwähnen, dass es hilfreich ist, nicht mit anderen Menschen darüber zu sprechen, sondern alles für sich zu behalten und zu beobachten, wie es sie vielleicht verändert. Ihren Mitmenschen dürfte Ihre Veränderung auffallen, und wenn man Sie darauf anspricht, ist es vielleicht immer noch ratsam, sich nicht zu »outen«, bevor Sie in Ihrem neuen Denken völlig gefestigt sind. Wie ich schon erwähnte, wird die Macht des Kollektivs spürbar, wenn Sie sich von ihm abgrenzen wollen. Sie würden einen starken Gegenwind verursachen, vielleicht sogar von Ihren engsten Verwandten und Freunden.

Ich hatte das Glück, schon recht früh zu lernen, dass ich mich in diesem Moment schon selbst verleugne, in dem mir wichtig ist, wie andere Menschen mich sehen und was sie über mich denken.

Je mehr ich lernte, mir meine Erfahrungen und Erkenntnisse im täglichen Leben zu vergegenwärtigen, umso häufiger habe ich auch in meinen Mitmenschen ihren göttlichen Kern erkannt, denn eines ist doch völlig klar: Wenn Gott in mir lebt, dann ist er auch in jedem anderen Menschen und in allen Lebewesen sowie in allen Dingen. Bei vielen Menschen ist das Göttliche allerdings so zugeschüttet, dass es sich nur dem offenbart, der es für möglich hält.

Denken Sie an die Worte des indischen Meisters Muktananda, der einst zu einem Journalisten sagte:

»Tatsächlich bin ich Gott. Wer denn sonst? Auch Sie sind Gott. Der Unterschied zwischen Ihnen und mir ist lediglich, dass ich es weiß und Sie nicht.«

Das Befolgen der oben genannten Erkenntnisse hat mir ein völlig erweitertes Bewusstseinsfeld erschlossen, und tatsächlich hat sich eine ständig zunehmende Leichtigkeit entwickelt.

Gleichzeitig sind mir nach und nach meine Blockaden bewusst geworden, die meist auf frühe Traumata zurückzuführen waren. Doch letztlich war es nicht wirklich wichtig, ihren Ursprung zu kennen. Es reichte, dass mir bestimmte Reaktionsmuster auffielen, die nicht mehr zu meinem neuen Bewusstseinsfeld passten.

Wenn unsere Gedanken mit uns Schlitten fahren

Ein Beispiel sind Ängste. Wenn ich weiß, dass es nicht den geringsten Grund für Ängste gibt, weil immer alles perfekt ist, dann fallen mir sofort Gedanken auf, die in die Angst führen. Erkenne ich sie früh genug, kann ich leicht loslassen und sie wie Wolken am Firmament vorbeiziehen lassen. Diese Wolken-Methode habe ich in vielen Meditationen gelernt. Sie ist grundsätzlich sehr empfehlenswert, nicht nur im Umgang mit Gedanken, die Ängste schüren. Auch Gedanken oder Themenfelder, die mich nicht mehr loslassen wollen, kann ich so erkennen und vorbeiziehen lassen, ohne sie zu ergreifen.

Da fällt mir ein Beispiel ein, in dem ich Zeuge der Hartnäckigkeit von zwanghaftem Denken wurde:

Neulich besuchte ich eine gute Freundin. Kaum hatten wir uns begrüßt, sprudelte es schon aus ihr heraus: »Gut, dass du kommst, ich muss dir unbedingt was erzählen. Mir ist gestern vielleicht was passiert! Stell dir vor, ich fahr nichtsahnend mit meinem Rad durch die Stadt, natürlich auf dem Fahrradweg, versteht sich, als mir plötzlich ein Hund in den Weg läuft. Eigentlich ein ganz süßer! Irgend so eine Mischung aus Boxer und australischer Hirtenhund. Aber ungepflegt, sag ich dir! Also meiner würde nie so aussehen! Jedenfalls hab ich mich lang hingelegt, weil ich den Lenker herumriss, um dem Hund auszuweichen. Doch es war zu spät, und weil ich die blöden Tüten am Lenker hatte, verlor ich das Gleichgewicht. Mein Rücken tut mir jetzt noch weh, und hier, siehst du die Schrammen an meiner Hand?« Sie hielt mir ihre Hand ins Gesicht. Ich sah sie mitfühlend an.

»Aber das Schlimmste kommt ja noch! Da schnauzt mich der Typ doch voll an: ›Sie blöde Kuh! Konnten Sie nicht aufpassen? Sie hätten beinahe meinen Hund überfahren!‹ Ich sag dir, dem habe ich aber was erzählt. Der war anschließend ganz klein mit Hut. Willst du einen Kaffee? Ich hab noch ein Stück Kuchen übrig.«

Während sie in die Küche ging und ich ihr folgte, redete sie weiter:

»›Regen Sie sich bloß nicht so auf, junger Mann!‹, hab ich ihn angeschrien. ›Wenn Sie Ihren verwahrlosten Hund besser im Griff hätten, wär das nie passiert. Und wieso läuft er hier überhaupt ohne Leine rum? Ich werde Sie anzeigen, wenn Sie sich nicht augenblicklich bei mir entschuldigen!‹«

Sie nahm zwei Tassen aus dem Schrank.

»Und? Hat er sich entschuldigt?« wollte ich wissen.

»Natürlich nicht! Er ist einfach so abgedackelt, als sei nichts passiert.«

Sie machte tatsächlich eine Pause, als sie zum Kühlschrank ging.

»Schön, wieder bei dir zu sein! Wir haben uns ja lange nicht mehr gesehen. Du siehst gut aus!«, begann ich.

»Na, du hättest mich mal gestern sehen sollen. Meine Strümpfe hatten sofort jede Menge Laufmaschen und mein Mantel war total versaut. Und der Kerl hat mir nicht mal hochgeholfen, als ich da so hilflos unter meinem Fahrrad lag.«

»Das hat dich bestimmt sehr aufgewühlt. Kann ich gut verstehen. Aber jetzt bist du sicher drüber weg, oder?«, fragte ich sie, weil ich ihr bewusst machen wollte, dass der Vorfall schon längst Schnee von gestern war.

»Du bist gut«, erwiderte sie. »Wie kann ich darüber hinweg sein? Das war doch ein Unfall! Und dann kam auch noch eine Nachbarin vorbei. Das war so peinlich. Ich hätte dem Typen noch ganz was anderes erzählen sollen. Er ist noch viel zu gut weggekommen. Stell dir vor, ich hätte den Hund ja auch überfahren können. Aber hab ich ja nicht.«

Erkennen Sie, was ich meine?

Geschichten loslassen, Vergangenes in der Vergangenheit lassen. Warum noch Energie aufbringen und sich und andere immer wieder aufs Neue damit zumüllen? Welchen Nutzen soll es haben? Fühle ich mich dann wichtig oder zumindest interessant, weil ich etwas zu erzählen habe?

Ich habe immer deutlicher wahrnehmen können, wo ich selbst meine Mitte verliere und nur noch innere Programme ablaufen, die sich über Jahre durch ständige Wiederholung eingenistet hatten. Auslöser sind dabei meistens meine eigenen Gedanken, und es gelingt mir immer häufiger, mich nicht zu ihrem willenlosen Lautsprecher machen zu lassen, sondern sie einfach weiterziehen zu lassen, ohne sie aufzugreifen und an ihnen festzuhalten.

Liebe Leser, in diesen ersten Kapiteln hoffe ich, Ihnen vermittelt zu haben, welche Geisteshaltung meiner Meinung nach zu einer gesunden psychisch-seelischen Balance führt.

In den folgenden Kapiteln wird es um die körperliche Balance gehen.

Wege in die physische Gesundheit

Die Sprache des Körpers verstehen

Jede Lebensform auf dieser Welt ist an sich perfekt. Zum Beispiel der Schmetterling. Ein Geschöpf von Schönheit und Anmut, der Inbegriff von Freiheit und Lebensfreude, Zartheit und Verletzlichkeit. Der Löwe. Majestätisch und elegant in seinen Bewegungen, blitzschnell und behäbig faul, je nachdem, wie es die Situation erfordert. Beide Geschöpfe, Schmetterling und Löwe, sehen wir in unserer Vorstellung kerngesund. Wo sollte auch Krankheit herkommen?

Genauso ist auch der Mensch vom Schöpfer als perfektes und gesundes Wesen erschaffen worden. Gesundheit ist die Norm, mit der jeder von uns zur Welt kommen sollte. Dass dies nicht immer so ist, kann an unterschiedlichen Gründen liegen, die wir als Mensch verursacht haben, auch wenn es in besonders tragischen Fällen unser irdisches Verständnis übersteigen mag. Einen dieser Gründe beschreiben wir im Kapitel 14 »Der Schock, der nicht nachlässt«.

Warum also gibt es heute so viele kranke Menschen? Warum ist inzwischen die Krankheit zur Norm geworden? Was ist geschehen?

Dieser Frage wollen wir in den nächsten Kapiteln auf den Grund gehen, denn leider lässt sich keine eindeutige Antwort finden. Wie bei ausnahmslos allen Dingen des Lebens sind auch hier viele verschiedene Faktoren ausschlaggebend. Sie lassen sich meines Erachtens in drei Hauptgruppen aufteilen: Umwelt, Ernährung, Psyche.

Doch zunächst sei noch dargestellt, wie ich mich als Organismus Mensch verstehe:

Wer bin ich?

Ich habe erkannt, dass das, was mich ausmacht, nichts mit meinem Körper zu tun hat, denn nicht nur, dass er sich alle sieben Jahre vollständig erneuert, ohne dass ich es mitbekomme, er sah vor fünfzig Jahren auch deutlich anders aus als heute. In jeder Sekunde sterben in meinem Körper mehr als eine halbe Milliarde Zellen ab und etwa genauso viele entstehen in derselben Zeit. Und ich spüre nichts davon. Wenn ich mir außerdem klarmache, dass in fast allen meinen Zellen Tausende fremder Lebewesen existieren, die wir Mitochondrien nennen und eine nicht menschliche DNA haben, ist der Fall für mich klar: Ich bin mir sicher, dass das, was mich ausmacht, nicht mein Körper ist, sondern vielmehr eine Art Gefährt in dieser stofflichen Wirklichkeit.

Weiterhin hat das, was mich ausmacht, nichts mit meinen Gefühlen und Emotionen zu tun, denn auch die sind ständig im Wandel, und meine heutige »Gefühlsrealität« unterscheidet sich drastisch von der, die ich als Zwanzigjähriger wahrnahm. Wenn meine Gefühle ständig wechseln und häufig, allzu häufig von Bemerkungen anderer Menschen erst ausgelöst und verändert werden können, dann wäre es allzu irreführend, mich mit ihnen zu identifizieren.

Wer bin ich also?

Sicher haben Sie sich das auch schon unzählige Male gefragt. Was ist also das, was mich wirklich ausmacht? Was ist es, das sich nie verändert, was ungeachtet der ständigen Veränderungen in mir Bestand hat?

Heute weiß ich es, denn ich habe erkannt, dass sich eines in all den achtundsechzig Jahren, die ich bis heute auf dieser Erde erleben durfte, nicht verändert hat: mein Bewusstsein.

Ich erinnere mich, dass meine Selbstwahrnehmung vor vierzig Jahren, als ich alleine durch London spazierte, exakt identisch ist mit dem »Ich«, das gerade in Griechenland vor dem Computer sitzt und an diesem Text schreibt. Es ist dieser unbeeindruckte Beobachter in mir, der sich selbst in einem Körper wahrnimmt, der von Ort zu Ort wechselt, von Emotion zu

Emotion, im Schmerz und in der Lebensfreude verweilt und unveränderbar die vielfältigen Strömungen des Lebens registriert und abspeichert.

Ich benutze mein Bewusstsein, wenn ich beobachte, was meine Sinne mir vermitteln, was ich sehe, höre, rieche und schmecke. Nennen wir es Tagesbewusstsein. Dabei kann es vorkommen, dass ich nicht mag, was ich sehe oder dass mir etwas nicht schmeckt. Mein Tagesbewusstsein bewertet das Wahrgenommene, während das reine Bewusstsein einfach nur beobachtet. Es beobachtet den Beobachter.

Was ich also wirklich bin, ist reines Bewusstsein, das in einem Körper lebt, der von Natur aus der Norm entspricht, also perfekt und gesund ist. Der Schwerpunkt liegt hier auf dem Begriff des Reinen.

Dies ist für mich eine sehr wesentliche und für den Rest meines Lebens äußerst bedeutsame Erkenntnis, auf die ich in späteren Kapiteln noch zurückkommen werde.

Was ist dann mein Körper, wenn er nicht »Ich« ist?

In vielen Urschriften der verschiedensten Religionen wird darauf Antwort gegeben: Der Körper dient dem Bewusstsein als »Fahrzeug«, als Mittel, um in der Formenwelt Erfahrungen machen zu können.

Doch damit weiß ich zwar, welchem Zweck er dient, doch was ist er de facto, woraus besteht er und wie funktioniert er?

Nun, jeder Biologe und unsere Schulmedizin wissen hierauf kompetent zu antworten, doch mir macht der rein materielle Zugang keinen Sinn, weil er viele Fragen offenlässt. Fragen wie zum Beispiel: Wie ist es möglich, dass der Tod eines geliebten Menschen zu schweren Krankheiten wie Krebs bis hin zum Tod des Hinterbliebenen führen kann? Wieso funktioniert der Voodoo-Zauber, oder ist er tatsächlich nur Humbug?

Betrachtet man den Körper dagegen als ein Schwingungsfeld von erhöhter Dichte, verändert sich sofort auch das Gesamtverständnis.

Alles ist Schwingung

Die hermetischen Gesetze gelten bis heute, denn sie sind tatsächlich Gesetze, unumstößliche Wahrheiten, die immer und auf alles einwirken. Eines dieser Gesetze besagt, dass alles Schwingung ist. Schwingung ist nichts anderes als Energie in Bewegung.

Einstein soll vor hundert Jahren einmal gesagt haben, dass eine genaue Betrachtung des Mikrokosmos zwangsläufig zu der Erkenntnis führt, dass die gesamte Schöpfung aus lediglich zwei Komponenten besteht, nämlich Energie und Information.

Demnach ist unser Körper als Erscheinungsform innerhalb der Schöpfung, wie jede andere Form auch, informierte Energie, also Schwingung. Dabei ist die Schwingung so hoch und dicht zugleich, dass sie unserem Auge als Materie erscheint.

Auch diese Aussage Einsteins ist ein wesentlicher Baustein meines Weltbildes, auf den ich in späteren Kapiteln zurückkommen werde.

Und so erkläre ich mir die Entstehung von Krankheit:

Wenn ich den Körper als energetisches Schwingungsphänomen erkenne, also als ein Gebilde, das aus Informationen und Energie besteht, dann kann Krankheit doch nur entstehen, wenn entweder die Energie- oder die Informationsebene oder beide in irgendeiner Form beeinträchtigt sind.

Für mich ist klar, dass jeder »negative« Gedanke (Information), jedes »negative« Gefühl (Energie) und jeder »negative« Mensch das Energie- bzw. Informationssystem beeinflusst, das heißt, es aus seinem Gleichgewicht holt. Mit negativ meine ich Qualitäten, die eher zerstörerischer, abbauender Art sind, im Gegensatz zu aufbauenden, unterstützenden, nährenden Qualitäten.

Ich weiß aus Erfahrung, dass Gedanken, die zum Beispiel Angst, Hass, Eifersucht oder Zweifel erzeugen, sehr belastend sein können, denn meistens sind sie Auslöser für die entsprechenden Gefühle, die in ihrer Wirkung nachweislich gesundheitsschädlich sind.

So entstehen entweder Situationen, in denen unser System Informationen erhält, die destruktiv sind, also ausgeglichen werden müssen, was zusätzliche Energie benötigt, damit wir im Gleichgewicht bleiben, oder wir befinden uns in Situationen, in denen uns Energie entzogen wird, zum Beispiel bei der Begegnung mit Menschen, die uns »nicht guttun«.

Hierbei habe ich als außerordentlich wichtig erkannt, aufkommende Ängste nicht zu verdrängen, sondern sie wahrzunehmen und ihre Ursprünge zu analysieren. In meiner Erfahrung ist der Ursprung letztendlich immer derselbe, nämlich das Gefühl des Getrenntseins von Gott. Dieser innere Analyse-Prozess hat in meinem Leben verlässlich dazu geführt, dass sich meine Ängste verflüchtigten.

Zusätzlich gibt es zweifellos andere Einflüsse, beispielsweise Umweltbelastungen, die unsere Gesundheit beeinflussen können und auf die ich in den nächsten Kapiteln eingehen werde.

Das Universum Mensch und wie es kommuniziert

Der menschliche Körper ist eine hoch entwickelte Lebensform der Natur. Beinahe alle Funktionen unseres Körpers laufen völlig ohne unser Dazutun ab. Wir haben nicht einmal eine Vorstellung davon, wie Billionen von elektrischen und chemischen Impulsen in jeder Sekunde unser Wohlergehen regeln. Und wir fragen uns nie, wer für dieses perfekte Funktionieren sorgt. Wir wissen zwar, dass Billionen von Zellen und Bakterien in unserem Körper die unterschiedlichsten Kollektive in Form von Organen und Zellformationen bilden, doch wer steuert sie?

Ich stelle mir häufig vor, dass wir den meisten Zellen wie ein Universum erscheinen müssen, deren Grenzen sie nicht begreifen.

Wird dieser komplexe Organismus krank, dann ist es ein deutlicher Hinweis, dass etwas die Selbstregulation blockiert und die natürlichen Abläufe behindert.

Mit diesem Verständnis fällt es leicht, jedes Symptom und jede Krankheit wie eine Mitteilung unseres Körpers zu erkennen. Was will er uns im Einzelfall mitteilen?

Doch die meisten Menschen stellen sich diese Frage nicht, sondern laufen zum Arzt und erwarten, dass er die Beschwerden »wegmacht«.

Nehmen wir an, in Ihrem Auto leuchtet die Öllampe auf. Ein Problem! Was werden Sie tun?

Lassen Sie die Warnleuchte ausbauen, um das Problem zu lösen? Das entspräche dem Gang zum Arzt mit der Erwartung, dass er das Problem lösen wird.

Nein, Sie wissen, dass das Aufleuchten der Öllampe einen Grund hat und fahren in die Werkstatt, wo man Öl nachfüllt. Die Lampe leuchtet nicht mehr auf. Problem gelöst?

Nein, denn nach wenigen Tagen leuchtet dieselbe Lampe wieder auf.

Sie fahren wieder in die Werkstatt, und dort sagt man Ihnen, dass man jetzt das wahre Problem gefunden habe. Es war der Ölschlauch, der ein Leck hatte. Man hat ihn ausgetauscht, füllte Öl nach und alles war wieder bestens. Problem gelöst?

Nein, denn nach einigen Wochen leuchtet die Lampe wieder auf. Man ist ratlos, denn schon wieder ist der Schlauch fehlerhaft. Niemand kann sich erklären, warum das so ist. Der Schlauch wird ausgewechselt, Öl nachgefüllt, und wieder gibt es eine neue Rechnung.

Erkennen Sie, dass es mit gesundheitlichen Symptomen ähnlich ist?

Sie erinnern sich an mein Ekzem? Der Arzt gab mir Kortison. Das entsprach dem Herausnehmen der Glühbirne. Doch das Ekzem kam wieder. Auch an anderen Stellen. Und es wurde stärker. Man stellte einen Histaminmangel fest und verschrieb mir entsprechende Medikamente. Nach erster Besserung spürte ich meine Nieren. Ich ging zu einem Heilpraktiker und erfuhr dort, dass die eigentliche Ursache Stress sei. Man empfahl mir dies und das, doch auch ein Jahr später gab es keine Anzeichen von Heilung. Mein Nierenleiden war nun chronisch und mein Ekzem blühte prächtig.

Man war ratlos. Die Ursache für meine Krankheit war unauffindbar.

Im Beispiel vom Auto war es vielleicht ein kleiner Marder, der nachts in die Garage kam und genüsslich am Ölschlauch nagte. In meinem Fall war es die innere Zerrissenheit.

Gedanken, Gefühle und Gesundheit

Aus sich selbst heraus ist jeder lebendige Körper bestrebt, gesund zu sein. Er ist in der Lage, sich selbst in der Balance zu halten, solange er die Kraft dazu hat und die äußeren Einflüsse nicht zu stark werden.

Äußere Einflüsse können alle nicht-körperlichen Faktoren sein, die entweder mit der Psyche, mit Umweltbelastungen, mangelhafter Ernährung oder exzessiver Lebensführung zu tun haben. Oft handelt es sich um einen Mix aus allem.

Heute ist bekannt, dass unsere Körperfunktionen, insbesondere die Ausschüttung der funktionellen Steuerungshormone, stark durch unser Denken und unsere Gefühle beeinflusst werden. Wer lange depressiv ist, wird ein schwaches Immunsystem haben und anfälliger für Infektionen sein.

Auch Ängste und Schuldgefühle können unsere Körperfunktionen so stark beeinflussen, dass wir Symptome und nicht selten auch Krankheiten entwickeln, die unseren Gesamtzustand beträchtlich verschlechtern. Und häufig entsteht ein Teufelskreis aus Ursache und Wirkung, bis wir völlig zusammenbrechen, wenn wir die Zusammenhänge nicht rechtzeitig erkennen.

An dieser Stelle sei erwähnt, dass mangelhafte Ernährung und zu wenig Bewegung wie Brandbeschleuniger wirken.
Ich drücke es lieber positiv aus: Mit einer ausgewogenen und achtsamen Ernährung, gemischt mit regelmäßigen, sportlichen Aktivitäten, tragen Sie erheblich zu einer körperlichen Balance bei, die wechselwirkend auch zu einer verbesserten psychisch-seelischen Balance führt.

Eine wahre Win-Win-Dynamik!

Unser alles entscheidende Bewusstseinsfeld

Vergessen wir nicht, dass die übergeordnete Instanz, die ursächlich unseren Gesundheitszustand beeinflusst, unser Bewusstseinsfeld ist. Damit meine ich alles Erlernte und Erfahrene, ob bewusst oder unbewusst, Überzeugungen, Konzepte und so weiter. Mein Bewusstseinsfeld bildet den Hintergrund und gleichzeitig auch den Stoff für mein Denken.

Es funktioniert wie ein Acker, der im Idealfall jede Saat aufgehen und gedeihen lässt. Ist das Bewusstseinsfeld aber von Mangeldenken geprägt und kennt es überwiegend nur Angst und Depression, dann kann auch der Acker nicht fruchtbar sein und die Gesundheit muss verkümmern.

Haben Sie schon einmal versucht, sich etwas auszudenken, was es bisher noch nie gab? Sie werden feststellen, dass es nicht geht. Bestenfalls ist es vielleicht eine neuartige Kombination bereits bestehender Elemente, also nicht wirklich etwas grundlegend Neues.

Erinnern Sie sich an meine Erkenntnis nach dem Verkauf meines Verlages? Ich wusste nicht, was es war, doch ich war überzeugt, dass es andere Dinge geben muss, die glücklich machen. Spirituelles Denken war mir unmöglich, weil es in meinem Umfeld nicht vorkam. Erst die Einfuhr neuer Bewusstseinsinhalte in Form des Wissens meiner Kollegin und Yogalehrerin hat meine geistige Beweglichkeit erweitert und mein Bewusstseinsfeld entscheidend ergänzt.

Früher hörte ich meine Mutter ständig sagen: »Lauf nicht mit nackten Füßen über die Küchenfliesen! Sonst erkältest du dich.« Heute wundere ich mich nicht, dass ich häufig erkältet war, denn ich lief gerne barfuß durch die Wohnung.

Liebe Leserinnen und Leser, im Prozess des Schreibens durchsuchte ich meine Vergangenheit nach weiteren Beispielen aus meinem Leben und befand mich plötzlich in Petras Kinderzimmer. Sie erinnern sich an meine Geschichte in einem früheren Kapitel? Dann wechselte das Bild, und ich sah mich beschämt im Auto meines Vaters.

Als Nächstes tauchte Maria vor meinem geistigen Auge auf. Sie war ein bildhübsches Mädchen mit schulterlangen, glatten schwarzen Haaren und tiefbraunen Augen. Wir waren damals beide vielleicht 17 Jahre alt und ich war in sie verliebt. Ich hörte ihr immer nur zu, stellte mir vor, ihren verführerischen Mund zu küssen, doch es kam nie dazu. Sie wollte nur einen guten Freund für gute Gespräche. Mir wird klar, dass mir das gleiche Szenario noch heute passiert. Ich bin immer noch der gute Freund für gute Gespräche. Ich erkenne soeben, dass es mir in meinem ganzen Leben nicht möglich war, eine Frau zu verführen, weil das Trauma meiner Jugend mich immer noch blockierte. Die Angst vor dem Erziehungsheim und die Schmach, die ich nach dem Gespräch meines Vaters für lange Zeit empfand.

Das berührt mich jetzt sehr und lässt mich nicht mehr weiterschreiben.

…

Was für eine Erkenntnis, liebe Leser! Ich habe darüber nachgedacht, sie aus diesem Manuskript zu löschen, weil sie doch sehr intim ist und wohl viel über mich aussagt. Doch ich will authentisch bleiben und nicht zulassen, einem Konzept von mir nachzugeben. Schließlich habe ich genau dazu am Anfang des Buches aufgerufen. Wer bin ich ohne Konzepte, ohne eine Rolle?

Diese Erkenntnis, dass ich durch den Eingriff meines Vaters meine sexuelle Lebendigkeit und Neugierde verloren hatte, wenn es darum ging, sie einer Frau gegenüber zum Ausdruck zu bringen, ist somit auch ein sehr gutes Beispiel dafür, wie unbewusste und unaufgelöste Traumata unser Denken und Handeln beeinflussen. Ich erkenne auch, dass nicht mein Vater dafür verantwortlich war, sondern ich selbst. Das eine ist, was mir geschah, das andere ist, welche Schlüsse ich unbewusst für mich daraus gezogen hatte.

Ich habe für mich erkannt, dass all die Ereignisse in meinem Leben im Grunde neutral waren. Welche Bedeutung sie dann für mich erhielten, welche Schlüsse ich aus ihnen zog, waren meine ganz persönlichen Entscheidungen, die ich auf der Spielwiese meines Bewusstseinsfeldes getroffen hatte.

Und hier ist der alles entscheidende Gedanke: Wenn mein Bewusstseinsfeld das Ergebnis aus Inhalten der Vergangenheit ist, dann beruhen auch alle meine Entscheidungen auf längst Vergangenem. Was wäre, wenn ich in Zukunft auch hier losließe und stattdessen auf Impulse meines höheren Selbst im Hier und Jetzt achtete? Wäre das nicht eine gute Voraussetzung für wahre Evolution?

Gedanken stehen am Anfang von allem

Am Anfang war das Wort

Wenn ich auch kein Anhänger irgendeiner Kirche bin, so respektiere ich doch die heiligen Schriften aller Glaubensrichtungen. Allerdings hüte ich mich, alles blind zu glauben. So ist der Sündenfall sicher nicht das, was im Originaltext des Alten Testamentes geschrieben stand.

Interessant ist, was gleich zu Beginn der Schöpfungsgeschichte zu lesen ist, weil es in ähnlicher Form auch in den Schriften anderer Religionen steht: Am Anfang war das Wort.

Sind Worte nicht ausgesprochene Gedanken? Wenn ich darüber nachdenke, ist es der Gedanke, der allem vorausgeht. Ich schaue mich um und sehe den Tisch, auf dem mein Computer steht. Sowohl der Tisch als auch der Computer mussten erst erdacht werden, um heute vor mir zu stehen. Genauso verhält es sich bei allen Objekten unserer Wirklichkeit. Gedanken führen in die Manifestation. Um materielle Objekte zu erschaffen, bedarf es selbstverständlich noch vieler zusätzlicher Gedanken und vor allem braucht es einen Fertigungsprozess, bis man sie benutzen kann.

Wie sieht es aber mit meinem Bewusstseinsfeld aus? Hier findet ja wohl kein Fertigungsprozess statt, oder? Weit gefehlt! Hier werden Konzepte, Überzeugungen und Vorurteile gefertigt. Sie entstehen unbemerkt und werden oft erst sichtbar, wenn wir nach innen schauen und unsere Denk- und Verhaltensmuster genauer unter die Lupe nehmen. Vor allem werden sie mit jedem Gedanken und Verhalten, das meine Muster bestätigt, in ihrem Einfluss verstärkt. Deswegen sind Erkenntnisprozesse ungemein wichtig, wenn ich irgendwo feststecke.

Ich lebe inzwischen in der Gewissheit, dass die erlebte Realität, also das, was mir gerade im Außen begegnet, das kristallisierte Ergebnis meiner Gedanken ist. Kristallisiert bedeutet, dass ich daran nichts mehr verändern kann. Es ist geschehen. Verändern kann ich lediglich meine Geisteshaltung, also mein Bewusstseinsfeld, mein Denken. Solange ich glaube, dass ich etwas im Außen verändern kann, gleiche ich jemandem, der seinen Rasierer an den Spiegel führt, um seinen Bart loszuwerden.

Mentalhygiene macht den Unterschied.

Ich nenne es Mentalhygiene oder mentale Disziplin, die für eine bewusste Lebensgestaltung unabdingbar ist.

Wie häufig begegne ich Menschen, die leichtfertig von ihren Krankheiten sprechen:

»Ich bin Diabetiker.« Oder: »Ich habe Krebs.«

Mich schaudert es jedes Mal, weil es wie ein Urteil ist, das unveränderbar erscheint. Ich denke mir dann, dass diese Worte Schöpferkraft haben und zudem meist noch von der Überzeugung verstärkt werden, dass es dafür keine Heilung gibt. Ist es dann nicht völlig klar, dass jede Form von Heilung ausbleiben muss?

Gibt es nicht auch Geschichten von Betroffenen, die wie durch ein Wunder wieder gesund wurden? Lag es vielleicht daran, dass sie sich nicht von ihren Krankheiten beeindrucken ließen, sondern ihren Fokus auf ihre Lebensfreude richteten?

Mein Leben hat mir oft genug gezeigt, dass meine Erfahrungswelt das Ergebnis meiner Gedankenwelt geworden ist. So bin ich davon überzeugt, dass immer alles perfekt ist. Das Ergebnis ist ein reiches Leben, das sich wie ein einziges Fest anfühlt.

Nicht, dass wir uns hier missverstehen. Es ist nicht so, dass mein Leben ununterbrochen leicht und freudvoll ist. Manchmal können auch Probleme und Konflikte mit anderen Menschen auftreten, wie es bei jedem Fest auch zu Auseinandersetzungen kommen kann. Manchmal können Situationen auch traurig machen. Der entscheidende Unterschied liegt jedoch im Denken. Ich denke nicht, dass dieses oder jenes Ereignis schlecht ist, weil es Streit gab oder vielleicht jemand gestorben ist, sondern spüre in solchen Momenten die Intensität meiner Gefühle. Ich lebe intensiv und bin fähig, alle emotionalen Facetten zu empfinden. Das nenne ich ein Fest.

Ich erinnere mich noch sehr gut an eine Zeit in Portugal, in der ich mich in meine Mitarbeiterin verliebt hatte. Ich war verheiratet und hatte Kinder, außerdem war sie meine Angestellte und etwa zwanzig Jahre jünger als ich. Das waren genau drei Gründe, die mich daran hinderten, eine romantische Beziehung mit ihr zu erwägen. Doch ein guter Freund wurde auf sie aufmerksam, als ich ihm von meinen Gefühlen erzählte, und er beschloss, ihr den Hof zu machen.

So hörte ich von beiden Seiten, wie sich diese Beziehung entwickelte, weil nicht nur mein Freund, sondern auch meine Mitarbeiterin gerne alles mit mir teilte. Ich hätte nicht für möglich gehalten, wie intensiv ich darauf reagierte. Ich war von Eifersucht und Liebesleid erfüllt und saß beinahe jeden Abend schluchzend in meinem Garten. Ich war das personifizierte Selbstmitleid. Doch ich habe es zutiefst genossen. Diese intensiven Gefühlstiefen waren wie ein Geschenk, das ich dankbar angenommen hatte.

Sie wollen wissen, wie ich das geschafft habe? Es ging ganz einfach, weil ich mich selbst beobachtete. Sie erinnern sich vielleicht an das Beispiel vom Schauspieler und Zuschauer. Ich war der Zuschauer und habe mich nicht mit Richard, dem Schauspieler identifiziert. Ich nahm wahr, wie intensiv der Schauspieler Richard gelitten hatte. Eine grandiose Darbietung!

Sie sehen, mein Denken ist der Schöpfer meiner Erfahrungswelt. Jeder Gedanke, mag er auch noch so klein oder schwach sein, macht einen Unterschied in meinem Leben. Wenn ich ihn dann noch mit Energie, sprich, mit Gefühlen und Emotionen verstärke, wird er umso mächtiger.

Ich glaube fest daran, dass mein göttliches Selbst meine Gedanken wie eine Handlungsanweisung übernimmt. Wenn die Umsetzung nicht unterbrochen oder gestört wird, zeigt sich das Ergebnis in meinem Leben. Häufig störe ich den Prozess selbst, wenn ich meine Meinung ändere oder meine Absichten aufgebe. Dann weiß mein höheres Selbst nicht, was es zu tun gibt. Noch anschaulicher wird eine solche Situation, wenn ich mir vorstelle, dass ich mit meinen Gedanken Frequenzen aussende. Wenn ich gegenläufige Gedanken denke, sind auch die Frequenzen gegenläufig und es kommt zu einer destruktiven Interferenz. Sie heben sich gegenseitig auf.

Ich kann Sie nur ermutigen, sich in mentaler Disziplin zu üben. Was denke ich gerade? Wo führt dieser Gedanke hin, wenn ich ihn weiterdenke? Welche Gefühle löst er in mir aus? Will ich das oder lasse ich den Gedanken lieber los?

Während ich das schreibe, ist eines der Hauptthemen ein neuer, gefährlicher Virus aus China. Ein absolutes Paradebeispiel, wie wir als Kollektiv fremdgesteuert werden. Sie haben die Wahl. Wollen Sie alles lesen, was es darüber zu berichten gibt und sich damit am kollektiven Schöpfungsprozess beteiligen? Oder lassen Sie vielleicht einen neuen Gedanken zu: »Will ich weiterhin fremdbestimmt bleiben oder nehme ich das Steuer ab sofort selbst in die Hand?«

Niederfrequenzen: der Feind im Bett?

Soviel wir auch an uns und unserem Bewusstseinsfeld arbeiten mögen, um in einer perfekten Balance zu bleiben, müssen wir doch anerkennen, dass es auch Einflüsse gibt, die wir nur bedingt vermeiden können. Hierzu gehören alle Umweltbelastungen wie zum Beispiel Haushaltsgifte, die Autoabgase, Feinstaub und nicht zuletzt der wohl schädlichste Einfluss durch Elektrosmog.

Die wenigsten Menschen spüren die Anwesenheit von Elektrosmog. Er ist unsichtbar und seine Wirkung subtil. Doch inzwischen gibt es immer mehr Leidtragende, die vor allem auf hochfrequente Strahlen mit körperlichen Schmerzen reagieren. In beinahe allen Fällen beginnt die Sensibilität mit einem dumpfen Gefühl im Kopf und Konzentrationsmangel.

In der Praxis unterscheiden wir bei Swiss Harmony drei Kundenkategorien:

1. Der Aufgeklärte, für den Elektrosmog nicht spürbar ist, der aber Vorkehrungen trifft

2. Der elektrosmogbelastete Mensch, der zu uns geschickt wurde oder aus eigenem Antrieb kommt

3. Der extrem elektrosmogsensible Kunde, dessen »normales« Leben bereits stark beeinträchtigt ist

Während wir den Kunden der ersten beiden Kategorien meist zu 100 % helfen können, ist den Betroffenen der dritten Kategorie nur selten zu helfen. Ich werde dieser Gruppe ein gesondertes Kapitel widmen.

Wo Niederfrequenzen zu finden sind

Ohne zu technisch zu werden, will ich nur die wesentlichen Arten von Elektrosmog aufzeigen.

Wir unterscheiden grundsätzlich zwischen nieder- und hochfrequenten Einflüssen. Die niederfrequenten Einflüsse bezeichnen wir als elektromagnetische Felder. Der Name deutet an, dass es elektrische und magnetische Felder gibt.

Beide Arten können nur dort entstehen, wo es kabelgebundene Elektrizität gibt, zum Beispiel in Haus- und Zimmerwänden, Steckdosen und Verlängerungsschnüren und selbstverständlich bei allen Elektrogeräten.

Solange nur Strom bereitsteht, also kein elektrisches Gerät eingeschaltet ist, liegen überwiegend elektrische Felder vor. Sobald jedoch Strom fließt, kommen magnetische Felder hinzu.

Angesichts der heißdiskutierten Hochfrequenzen, über die ich in Folgekapiteln schreiben werde, ist man leicht verführt, die Niederfrequenzen als potenzielle »Krankmacher« zu unterschätzen.

Wie Niederfrequenzen die Sterblichkeitsrate beeinflussen

Die inzwischen verstorbene amerikanische Wissenschaftlerin Nancy Wertheimer[7] hatte sich darauf spezialisiert, den Einfluss von niederfrequentem Elektrosmog auf die Sterblichkeitsrate von Kindern nachzuweisen.

In zahlreichen Studien hat sie belegt, dass Kinder, die in der Nähe von Transformatorenhäuschen oder -anlagen schliefen, doppelt bis **dreimal so häufig an Leukämie starben** als Kinder, die frei von solchen Einflüssen waren.

Die Leukämierate von Kindern, die 50 Meter oder weniger weit von einem Hochspannungsmast lebten, lag in Wertheimers Studien um 70 % höher als bei Kindern, die solchen Einflüssen nicht ausgesetzt waren.

Wolfgang Maes, ein inzwischen verstorbener und hochgeschätzter Baubiologe, hat in seinem Buch[8] empfohlen, dafür Sorge zu tragen, dass die elektrische Feldstärke besonders in Schlafbereichen den Wert von 5 Voltmetern nicht übersteigt. Er beschrieb, dass Säuglinge, die in solchen Feldern schlafen, zwangsläufig krank werden. In meiner Praxis habe ich bei vielen Kunden deutlich höhere Werte im Kopfkissenbereich festgestellt. Sie lagen oft weit über 70 Voltmeter. Ausschlaggebend sind oft Nachttischlampen, die unter bestimmten Umständen extrem hohe elektrische Felder erzeugen können, selbst wenn sie nicht eingeschaltet sind. Ein anderer Grund für hohe Messwerte können Streuströme in den Zimmerwänden sein. Sie entstehen, weil sich der Weichmacher der Plastikisolierung der in den Wänden verborgenen elektrischen Leitungen mit der Zeit auflöst und für Risse in der Isolierung sorgt. Da Zimmerwände nie knochentrocken sind, breiten sich durch die geringe Feuchtigkeit Streuströme aus.

Ich empfehle dringend, Schlafplätze von einem Baubiologen ausmessen zu lassen oder sich selbst ein niederfrequentes Messgerät anzuschaffen, um sicherzugehen, dass Sie unbelastet schlafen können.

---

7 Nancy Wertheimer, Epidemiologin, Chicago (USA)

8 Wolfgang Maes, Stress durch Strom und Strahlung, Verlag: Institut für Baubiologie + Nachhaltigkeit

Bitte beachten Sie: Elektrosmog, egal wie hoch die Werte sind, ist besonders dann schädlich, wenn er in Schlafzimmern oder in Kinderzimmern vorhanden ist, weil er eine tiefe Entspannung verhindert.

Inzwischen gilt nämlich als nachgewiesen, dass der nieder- und hochfrequente Elektrosmog im Schlafzimmer für eine verminderte Melatoninproduktion verantwortlich ist. Sie wird in Einzelfällen bis auf 40 % der normalen körpereigenen Produktion reduziert.

Es ist nachvollziehbar, dass die für die Tiefschlafphase notwendige Hirnfrequenz von 4 bis 8 Hz aufgrund der elektromagnetischen Frequenzen ständig gestört wird. Melatonin, das nur nachts von der Zirbeldrüse gebildet wird, ist für die vollständige Entspannung im Schlaf und unter anderem für die Stärkung des Immunsystems verantwortlich.

Man hat auch festgestellt, dass zu einer der vielen Funktionen von Melatonin die Verhinderung von Krebszellen gehört.

Hochfrequenzen

Eine Studiensammlung der US-Marine von 1971

Dass Hochfrequenzen die Gesundheit des Menschen belasten, war den Fachleuten schon lange klar, bevor es den Mobilfunk gab. Es ist kaum bekannt, dass das medizinische Forschungsinstitut der US-Marine bereits 1971 eine Sammlung von über 2.000 wissenschaftlichen Arbeiten herausgab, die sehr konkret auf die unterschiedlichsten gesundheitlichen Konsequenzen der Radio- und Mikrowellenbestrahlung, sprich Hochfrequenzen, hinweisen.

Folgende Effekte wurden dabei als immer wieder auftretend aufgezeigt:

- Verringerte Zeugungsfähigkeit, inklusive verringerter Sperma-Qualität und -mobilität

- Verringerte weibliche Fruchtbarkeit
- Erhöhtes Auftreten plötzlicher Fehlgeburten
- Oxidativer Stress
- Zelluläre DNA-Schäden, inklusive Einzelstrang- und Doppelstrangbrüchen
- Krebs
- Weitverbreitete neuropsychiatrische Effekte inkl. Depressionen
- Kataraktbildung
- Brüche der Blut-Hirn-Schranke
- Reduzierte Melatonin-Synthese und Schlafstörungen

So mancher Leser mag jetzt aufmerken. Schlafstörungen? Depressionen? Krebs? Dies sind sehr verbreitete Krankheiten bzw. Symptome, die sich immer häufiger als hartnäckig und chronisch erweisen; trotz aller Therapien. Fragen Sie sich vielleicht, warum?

Heute ist die Liste der Symptome und Krankheiten, die durch Elektrosmog ausgelöst oder zumindest begünstigt werden, deutlich länger. Es gibt Tausende von Studien und Forschungsergebnissen, die die Schädlichkeit der Hochfrequenzen belegen. Eine gute und umfassende Sammlung solcher Studien finden Sie in der Datenbank von diagnose:funk[9], einer unabhängigen Einrichtung zur Aufklärung der Bevölkerung.

Ich will hier keine Ängste schüren und bin weit davon entfernt, eine düstere Umwelt zu malen. Ich will aufklären, Zusammenhänge deutlich machen und den Leser einladen, selbstverantwortlich für sich und seine Lieben zu denken und zu handeln. Es gibt da draußen niemanden, der uns unsere Selbstverantwortung zu unserem eigenen Wohle abnimmt.

9 diagnose-funk.org, emf-data.org

5G ohne Vorstudien

Nun, durch die Einführung von 5G und den damit verbundenen neuen Frequenzen und Sendeantennen, die noch geballter in unser Leben bis in unsere Wohnräume eindringen werden, müssen wir uns fragen: Wollen wir uns darauf verlassen, dass wir gesund bleiben? Sind wir nicht beunruhigt, dass die mächtige Mobilfunkindustrie keine Forschungsergebnisse vorlegen kann, die die Unschädlichkeit der neuen Frequenzen belegen? Dies ist besonders deswegen besorgniserregend, weil die zur Verwendung kommenden Frequenzen zwischen 20 und 100 Gigahertz völlig neu eingeführt werden.

Gibt es möglicherweise keine solchen Studien, weil dafür »keine Zeit« war? Vielleicht ist es aber auch so, dass es Studien gibt, die jedoch unveröffentlicht bleiben, weil sie den Verantwortlichen nicht passen. Wir wissen es nicht. Eines wissen wir jedoch:

Es ist eine Tatsache, dass bis heute, im Februar 2020, keine wissenschaftlichen Studien zu den Einflüssen der neuen 5G-Technologie veröffentlicht wurden.

Von Paracelsus stammen diese klaren Worte:

»Alle Dinge sind Gift und nichts ist ohne Gift. Allein die Dosis macht, dass ein Ding kein Gift ist.«

Hochfrequenzen sind omnipräsent, weil es kaum noch einen Flecken Erde in unserer industriellen Welt gibt, der nicht von hochfrequenter Strahlung erreicht wird. Dieses »Gift« wirkt fortwährend. Es dringt auf uns ein, ob wir es wollen oder nicht, am Tage wie auch in der Nacht, 24 Stunden ohne Unterbrechung.

Die ahnungslose Gesellschaft

»Aber wenn das wirklich so schädlich wäre, dann würden wir es doch längst wissen. Wir haben doch kritische Journalisten, die darüber schon längst berichtet hätten.«

Solche Einwände höre ich immer wieder. Sie sind schließlich auch berechtigt und logisch nachvollziehbar. Ist es nicht die Pflicht investigativer Journalisten, auf solche Tatsachen aufmerksam zu machen? Ist es nicht auch die Pflicht unserer Behörden und der Weltgesundheitsorganisation, uns Bürger zu warnen?

Leider leben wir nicht in einer »heilen Welt«. In unserer Welt regiert das Geld. Profite und Gewinne multinationaler Unternehmen sind seit Jahrzehnten wichtiger als die Gesundheit des Menschen, weil es nur noch um die Attraktivität an der Börse geht. Je mehr Gewinne, desto mehr Dividende. Bedenken Sie bitte, dass kranke Menschen wichtige Konsumenten für die Pharmaindustrie, für Ärzte und Krankenhäuser sind.

Unsere Medien sind schon lange von den Interessenvertretern der Multinationalen geknebelt. Glauben Sie nicht, was in den Zeitungen steht oder im Fernsehen verbreitet wird. Auch die Medienwelt ist eine Industrie, die sich zum größten Teil in den Händen multinationaler Firmen befindet und gewinnorientiert arbeitet. Ihre Entscheidungsträger und Weisungsbefugten folgen ausnahmslos einem global abgestimmten Kodex: Gewinnmaximierung. Wer aus der Reihe tanzt, wird entlassen oder auf weniger wichtige Positionen verschoben. In Einzelfällen, wenn die betroffene Führungskraft zu bedeutend und bekannt ist, greift man zu anderen Methoden. Wir lesen dann vielleicht von einem Skandal, von einem mysteriösen Unfall oder einer plötzlichen Krankheit.

Sind wir denn alle geldgeil?

Es gibt keinen Grund, lieber Leser, hier die Hände über den Kopf zu schlagen oder sich zu empören. Es geht genauso wenig darum, gegen diese Machenschaften in den Krieg zu ziehen und Feindbilder zu schaffen. Ich bin weit davon entfernt, mich irgendwelchen Weltverbesserern anzuschließen. Die Dinge sind nämlich so, wie sie sind, weil wir sie erschaffen haben. Wir alle sind mitverantwortlich. Seien wir doch ehrlich zu uns selbst. Ist für uns nicht auch wichtig, dass wir mehr Geld verdienen? Wozu sind wir für die nächste Gehaltserhöhung bereit? Würden Sie nicht auch erwägen, die Firma zu wechseln, alle lieb gewonnen Arbeitskollegen hinter sich zu lassen, weil es im neuen Job 5000 Euro mehr Jahresgehalt gibt?

Ich kenne die Verlockungen des Geldes sehr gut aus eigenem Erleben. Es gab unzählige davon in meiner Vergangenheit, und selbst heute spüre ich, dass ich nur immun gegen meine eigene Gier nach dem Geld bin, wenn ich sie mir eingestehe und meinem höheren Selbst treu bleibe.

Immer wieder werden wir als Inhaber von Swiss Harmony von Firmen kontaktiert, die unsere Produkte im großen Stil vertreiben wollen. In einem der Fälle hätte es für uns eine Umsatzverdoppelung bedeuten können. In weiterführenden Gesprächen hörten wir immer nur Worte wie Marktanteile, Exklusivität, Verkaufszahlen und Gewinnmargen. Es ging immer nur ums Geldmachen und wie man es möglichst sicher und schnell hinkriegt. Wir lehnten ab, denn für uns ist der Dienst am Menschen prioritär, nicht das Geld.

Solange Geld die treibende Kraft im Menschen ist, werden wir mit den heutigen Machtverhältnissen in unserer Gesellschaft leben müssen. Sie spiegeln unsere inneren Schatten. Wir erlauben uns nicht, unsere Geldgeilheit uns selbst gegenüber einzugestehen und projizieren sie stattdessen auf die Anonymität der Aktiengesellschaften.

Ich habe begriffen, dass alles, was ich im Außen beobachte, ein kristallisiertes, Wirklichkeit gewordenes Abbild der kollektiven Menschheit ist, mit all ihren Schattenseiten, die sich in Kriegen, Terrorismus, Korruption und Skandalen offenbaren. Ich habe begriffen, dass ich auch all das in mir trage, denn ich bin Teil des Kollektivs. Und ich habe begriffen, dass ich Verantwortung übernehmen kann, indem ich in mir selbst den Frieden schaffe, den ich im Außen zu sehen wünsche. Nur so verstehe ich Gandhis Worte: »Willst du die Welt verändern, so verändere dich selbst.«

Spüren Sie die Zusammenhänge? Wie verändere ich mich selbst? Wo fange ich an? Im neunten Kapitel biete ich hilfreiche Vorschläge an, eine Zusammenfassung der Erkenntnisse, die mein Denken und Handeln tiefgreifend verändert und mir meinen inneren Frieden gebracht haben.

Aufklärende Informationen

Allen Lesern, die nun Eigeninitiative verspüren und sich unabhängig informieren wollen, empfehle ich, sich die Filme von Klaus Scheidsteger[10] anzuschauen. Als Filmproduzent und Regisseur hat er sich zur Aufgabe gemacht, über die negativen Wirkungen des Mobilfunks und die Vertuschungsanstrengungen der Industrie aufzuklären.

In seinem jüngsten Film, »Faktencheck«, filmt er ein Gespräch zwischen Barrie Trower, einem ehemaligen Mitarbeiter des britischen Geheimdienstes, und verschiedenen Wissenschaftlern und Ärzten aus Deutschland.

10 Klaus Scheidsteger, Journalist und Filmproduzent (Der Handykrieg, Zivilcourage, Thank You For Calling, Faktencheck)

Ein Schock für werdende Mütter?

Barrie Trower war als Spezialist für Mikrowellenstrahlung und ihrer Nutzung für neue Waffensysteme tätig.

Ich war völlig schockiert von einer seiner größten Sorgen, die er in diesem Gespräch beschrieb. Hier gebe ich den Wortlaut seiner Erklärung ins Deutsche übersetzt wieder:

»*Eine schwangere Frau mag in den ersten 30 Tagen nicht einmal merken, dass sie schwanger ist und trifft somit keine Vorkehrungen gegen Mikrowellen. Aber in den ersten 100 Tagen entstehen in der Gebärmutter alle Eizellen, natürlich nur im weiblichen Embryo. In diesem Zeitraum sind die Eizellen unausgereift und haben weder das Protein 53 noch den fertigen Zellkern sowie das nötige Immunsystem, um Mikrowellen zu bekämpfen. Mikrowellen richten sich nicht nur auf einen Punkt, sondern gehen direkt durch den ganzen Körper.*

Die junge Frau ist nun seit 100 Tagen schwanger mit einem kleinen Mädchen, und alle Eizellen sind nun nach 100 Tagen gebildet. Sind diese nun geschädigt, und das ist sehr wahrscheinlich, dass sie es sind, und wenn es dann zur Geburt kommt, dann kommt ein Kind mit sehr beschädigten Eierstöcken zur Welt, abgesehen von weiteren Schäden, denn während der Schwangerschaft kann ja vieles falsch laufen. Aber bleiben wir erst einmal bei den Eierstöcken. Sie haben also jetzt ein Kind mit geschädigten Eierstöcken, und wenn dieses Kind erwachsen wird, also etwa 18, und ebenfalls schwanger wird, könnte dieses Kind einen genetischen Fehler haben. Der genetische Fehler liegt dann beim Mitochondrium, dem Kraftwerk der DNA, und das ist irreparabel. Stellen Sie sich vor, wir setzen unsere Schulmädchen mit ihren Eierstöcken täglich 5, 6 7 oder 8 Stunden direkt dem WLAN aus, und das ab einem Alter von 4 oder 5 Jahren, bis sie 18 sind. Wenn Sie also diese Kinder in die Welt setzen, in der Annahme, Sie selbst seien gesund, was auch nicht sicher ist, dann werden diese Kinder wahrscheinlich bereits genetisch geschädigt sein. Dieser Schaden ist irreparabel und wird somit weiter und weiter in Ihrer Familie vererbt, bis Sie die Entscheidung treffen, keine Kinder mehr zu bekommen. Ich würde sagen, es besteht eine 67,7 %-ige Chance, dass das Kind eine Tot- oder Fehlgeburt sein wird oder abgetrieben wird.«

Soweit die Aussage von Barrie Trower. Er spricht von Mikrowellen. Mobilfunkstrahlung, WLAN-Frequenzen und Schnurlostelefone sind nichts anderes als Mikrowellen.

Das Fazit seiner Aussage ist doch, dass Frauen, die von ihrer Schwangerschaft erfahren, am besten kein Smartphone und kein Tablet mehr in die Hand nehmen, geschweige denn auf dem Schoß liegen haben.

Man kann sich leicht ausrechnen, dass Folgeschäden solcher Art noch nicht erkennbar sein können, denn das erste Handy wurde im Jahr 1993 eingeführt. Der Hersteller war damals Motorola und hier fing das Drama bereits an, weil es in den Verkauf kam, ohne dass es einer technischen Überprüfung oder Genehmigung unterzogen wurde.

Das erste iPhone der Welt kam im Jahr 2007 auf den Markt. Das ist gerade dreizehn Jahre her. Es wird also noch mindestens sechs bis zehn Jahre dauern, bis diese Art von Folgeschäden offenkundig wird.

Trowers Worten ist auch seine Sorge um die Schulkinder zu entnehmen. Als Inhaber von Swiss Harmony habe ich von Anfang an entschieden, dass unser humanitärer Beitrag die kostenlose Harmonisierung, also die Elektrosmogentstörung, von Schulen sein soll. Leider haben nur wenige Schulen fortschrittliche und aufgeklärte Entscheidungsträger mit Zivilcourage. Unsere Kunden sind nicht selten Lehrkräfte, die sich über unser Angebot sehr freuen und motiviert fühlen, an ihrer Schule eine Harmonisierung durchzusetzen. Doch meistens scheitern sie schon im eigenen Lehrerkollegium, weil die Mehrheit der Lehrer den Mobilfunk für unschädlich hält.

Einige Schulen, die wir bereits harmonisiert haben, berichten, dass es seitdem weniger Konflikte zwischen den Schülern, aber auch im Kollegium gibt, dass insgesamt weniger chaotische Zustände in den Klassenräumen anzutreffen sind und die Kinder konzentrierter mitarbeiten.

Barrie Trower ist nicht der einzige Wissenschaftler, der mit warnenden und aufklärenden Worten an die Öffentlichkeit geht. Leider werden sie alle von den Mainstream-Medien ignoriert. Aus gutem Grunde, wie Sie nun wissen, denn die Mobilfunkindustrie hat den Medien harte Bandagen angelegt.

Der nächste Schock: das Verschwinden der Spermien

In der wachsenden Menge kompetenter und besorgter Wissenschaftler und Ärzte ist mir Prof. Dr. Martin Pall[11] besonders präsent, nicht zuletzt, weil ich bereits zweimal die Gelegenheit zu Gesprächen unter vier Augen hatte.

Prof. Dr. Martin Pall hat sich mit vielen Studien zum Thema verdient gemacht. Seine wissenschaftlichen Veröffentlichungen behandeln auch Versuche zur Spermaqualität bei Mäusen oder Ratten. Er hat herausgefunden, dass bei Mobilfunkbestrahlung nicht nur die Spermienhäufigkeit rückläufig ist, sondern auch die Qualität der Spermien sich von Generation zu Generation verschlechtert.

Wer aufmerksam die Nachrichten verfolgt, hat sicher bereits Berichte über verringerte Spermien bei schlechterer Qualität gelesen. Es ist eine dokumentierte Tatsache: Der Mann von heute hat weniger Spermien bei geringerer Qualität.

In der Neuen Zürcher Zeitung vom 22. Mai 2019 konnte man lesen:

> »***Spermienqualität von Schweizer Männern ist besorgniserregend***
> *Eine landesweite Studie ergab: Der Samen von 6 von 10 jungen Männern erreicht die Normalwerte nicht.*«

Im selben Bericht wird erwähnt, dass 20 % aller Paare, die sich Nachwuchs wünschen, kinderlos bleiben.

11 Prof. Dr. Martin Pall, Professor Emeritus of Biochemistry and Basic Medical Sciences, Washington State University

Doch Hochfrequenzen werden nicht als Ursache genannt, sondern die stärker werdenden Stressfaktoren unserer Zivilisation.

So machen Sie sich schlau:

Eine der besten Quellen, die ich für meine Recherchen nutze, ist die Webseite von diagnose:funk[12]. Hier handelt es sich um eine wahrhaft unabhängige Verbraucherschutzorganisation, die ausführliche und vollumfängliche Informationen zu wissenschaftlichen Studien, neuen Entwicklungen und aktuellen Urteilen anbietet. Eine umfangreiche Datenbank hilft, sich über alle Gesundheitsaspekte des Mobilfunks Klarheit zu verschaffen.

Der Vollständigkeit halber sei hier noch die Kompetenzinitiative Mobilfunk[13] erwähnt, bei der es sich ebenfalls um eine unabhängige und höchst empfehlenswerte Quelle für objektive Aufklärung handelt. In Zusammenarbeit mit dem Filmproduzenten Klaus Scheidsteger hat die Kompetenzinitiative nun auch einen YouTube-Kanal eingerichtet, auf dem man die Vorträge der Referenten des letzten Mobilfunk-Kongresses in Mainz kostenlos anschauen kann. Unter den Referenten befindet sich auch Prof. Dr. Martin Pall.

Bei all den Recherchen, die Sie nun vielleicht vornehmen, vergessen Sie bitte nicht, dass Sie sich damit in einer Wirklichkeit befinden, die von Auseinandersetzungen, Missverhältnissen und vor allem von Ängsten geprägt wird. Jetzt gilt es, sich nicht von den Ängsten anstecken zu lassen, denn damit würden Sie sich zu einem Teil jener kollektiven Wirklichkeit machen und die Ängste bestärken.

Beim Lesen von Nachrichten kommt auch in mir oft genug ein ungutes Gefühl auf. Wenn mir dies bewusst wird, erkenne ich darin erste Zeichen

12 diagnose-funk.org

13 kompetenzinitiative.com

der Angst. Dann entscheide ich, mich nicht meiner Angst hinzugeben, sondern darauf zu vertrauen, dass alles immer perfekt ist, auch wenn es nicht so zu sein scheint. Damit gerate ich wie von selbst in das Bewusstseinsfeld meines höheren Selbst, wo Ängste nicht existieren können, und mein ungutes Gefühl löst sich auf.

Eigeninitiative oder Gottvertrauen?

Meine Idealvorstellung vom Umgang mit Krankheit

Ich beschreibe Ihnen jetzt meine Idealvorstellung vom Umgang mit Krankheit und äußeren Einflüssen:

Da ich Gott in mir entdeckt habe und weiß, dass ich nicht getrennt von ihm bin, lebe ich angstfrei. Ich weiß, dass ich keine Krankheiten entwickeln kann, solange ich angstfrei bleibe, ein ausgewogenes Leben führe und mich nur noch von den Impulsen meines höheren Selbst leiten lasse. Somit können auch äußere Einflüsse wie Elektrosmog und andere Umweltbelastungen keine schädliche Wirkung auf mich haben, weil sich mein Körper in völliger Harmonie mit dem Göttlichen befindet.

Wie schon angedeutet, ist dies meine Idealvorstellung. Natürlich treffe ich auch Vorsorge. Zum Beispiel esse ich nicht aus Angst, zu verhungern. Ich schließe mein Haus oder mein Auto ab, obwohl ich keine Angst vor Einbrechern habe. Ich trage einen Hut, wenn ich mich mehrere Stunden in der Sonne aufhalte, und ich trage einen BioRing, weil ich meinen Körper nicht mit unnatürlichen Frequenzen belasten will.

Doch wem gelingt es denn, mit diesem Gottvertrauen durchs Leben zu gehen – sofern er oder sie es überhaupt verinnerlicht hat? Ich kenne niemanden. Selbst wenn wir es ab heute perfekt im Leben umsetzen könnten, wären da noch die Schäden zu berücksichtigen, die unser altes Denken im

Körper hinterlassen hat. Die wollen erst einmal die nötigen Heilungsprozesse durchlaufen.

Mit anderen Worten: Solange wir nicht in Resonanz mit dem Schöpfer in uns schwingen und Heilung auf allen Ebenen erfolgen konnte, ist es erforderlich, unsere Gesundheit proaktiv zu unterstützen. Gottvertrauen ist eine gute Sache, doch sind Eigeninitiative und ein gesunder Menschenverstand angesagt, solange das Vertrauen nicht bedingungslos ist und der Körper noch heftige Spuren falschen Denkens auszuheilen hat.

Wer erkältet ist oder sich schwach fühlt, geht sicher nicht ohne Schirm aus dem Haus, wenn es in Strömen regnet und kein Ende abzusehen ist.

Im Falle der Elektrosmogbelastung ist es besonders einleuchtend, weil Nieder- und Hochfrequenzen den Körper in die Knie zwingen können, wenn er sich nicht in seiner vollen Kraft befindet. Ein geschwächtes Immunsystem, das bei den meisten Menschen vorliegt, die übersäuert sind, bedeutet eine geschwächte Abwehr.

Unsere Produkte und sicher auch manch andere unserer vielen Mitbewerber sorgen dafür, dass die Elektrosmogbelastung auf ein absolutes Minimum reduziert wird, sodass der Körper Ressourcen frei hat, um ohne fremde Hilfe in die Balance zu kommen.

Ich habe in zwei oder drei Interviews bei Timetodo[14] (Schweiz5), Welt im Wandel[15] und Neue Horizonte[16] ausführlich über unsere Einheit mit Gott gesprochen, und vereinzelt kamen besorgte Kommentare, dass ich mit solchen Aussagen meiner eigenen Firma schaden würde.

Ich sehe das nicht so, denn da draußen erwartet man Ehrlichkeit von uns. Zur Ehrlichkeit gehört für mich, dass ich unsere Erkenntnisse weitergebe, sollten sie für unsere Kunden relevant sein, auch wenn der Umsatz dadurch

14 timetodo.tv

15 welt-im-wandel.tv

16 Neue Horizionte, ein Youtube-Kanal von nuoviso.tv

zurückginge. Doch bin ich davon überzeugt, dass wir nur durch unser klares und offenes Verhalten das Vertrauen unserer Kundschaft verdient haben.

So empfehlen wir Ihnen, sich ganz Ihrem Vertrauen hinzugeben, dass Ihre Körperzellen-Intelligenz göttlichen Ursprungs ist und im Normalfall mit allen Belastungen umgehen kann, solange das Ego nicht dazwischenfunkt. Doch erkennen Sie bitte auch, wenn Ihnen dieselbe göttliche Intelligenz Hilfsmittel anbietet, um die Belastungen des Lebens leichter zu kompensieren.

Kennen Sie die Geschichte des gläubigen Mannes, der während einer Überflutung auf seinem Balkon stand und ein Rettungsboot mit den Worten ablehnte: »Ich brauche kein Rettungsboot, der liebe Gott wird mich beschützen.« Das Wasser stieg aber weiter und er endete auf dem Dachfirst und klammerte sich an seinem Kamin fest. Als schließlich ein Rettungshubschrauber zur Stelle war, lehnte er ebenfalls ab und meinte: »Ich habe Gottvertrauen. Fliegt weiter! Mein Gott wird mir helfen.«

Nun, der Mann ertrank, und als er im Himmel ankam, beklagte er sich bei Gott, weil er ihn hat sterben lassen. Und Gott antwortete: »Was hätte ich denn noch tun sollen, mein Lieber? Ich hatte dir ein Boot und einen Hubschrauber geschickt und du hast beides abgelehnt!«

Einstein und die unsichtbare Welt

Leben im Kollektiv[17]

Wenn sich auch noch viele konservative Wissenschaftler schwertun, die neue Physik anzunehmen, so gibt es in aufgeklärten Kreisen bereits ein klares Einverständnis zu folgenden Phänomenen:

1. Das Gedächtnis befindet sich nicht in unserem Gehirn, sondern in einem Feld außerhalb von uns.[18] Dieses Feld ist weder raum- noch zeitabhängig. Das heißt, es ist überall in unserer Welt und das gleichzeitig. Die Existenz dieses Feldes ist den Physikern eigentlich schon lange bekannt. Worüber man allerdings so gut wie nichts weiß, ist das Feld selbst. Man weiß nichts über seine Eigenschaften oder seine Funktionen.

2. Seitdem Physiker herausgefunden hatten, dass einmal miteinander verbundene Nanoteilchen für immer verbunden bleiben,[19] egal wo auf der Erde sie sich befinden, wird bezweifelt, ob die Lichtgeschwindigkeit tatsächlich konstant ist. Denn die miteinander verschränkten Nanoteilchen reagierten zeitgleich identisch auf Manipulationen der Versuchsleiter, selbst wenn sie Tausende Kilometer voneinander getrennt sind.

---

17 Kollektiv (von lateinisch colligere „zusammensuchen, zusammenlesen“) bezeichnet soziale Gebilde, deren Zugehörige unbestimmt nach sehr verschiedenen Gesichtspunkten zusammengefasst werden – das können etwa ein Volk, eine Religion, ein Staat, ein Unternehmen oder eine soziale Klasse sein. (Wikipedia)

18 Lynne McTaggart, Das Nullpunkt-Feld, Kapitel 5, „In Resonanz mit der Welt“

19 „Weltweites Experiment geglückt: Mehr als 100.000 Menschen erbrachten Nachweis für Quantenverschränkung», *Österreichische Akademie der Wissenschaften 02.12.2016*

3. In der klassischen Physik existiert hauptsächlich nur die Form der Translation, der linearen Fortbewegung als Transversal- oder Longitudinalwelle. Die Rotation ist komplett vernachlässigt worden. Erst seit etwa Mitte des letzten Jahrhunderts befasst man sich intensiver mit den Torsionswellen und –feldern, und es gibt Hinweise darauf, dass hier Geschwindigkeiten auftreten, die ein Vielfaches der Lichtgeschwindigkeit betragen können.

Wer sich intensiv mit den Wissenschaften beschäftigt und vor allem ihre Autorität hinterfragt, wird sich wundern, dass man in beinahe allen Bereichen mit Modellen arbeitet.[20] Das heißt, dass hier kein wirkliches Wissen vorliegt, sondern nur ein theoretisches Modell erschaffen wurde, mit dem bestimmte Prozesse und Messwerte erklärbar werden. Solange sie nicht widerlegt werden, bleiben die Modelle gültig und werden zum Lehrstoff an Universitäten und Schulen. In der Schule wird vielleicht noch erwähnt, dass es ein Modell ist, doch gleichzeitig geht man mit dem Erklärungsmodell um, als sei es verbindlich gültig und als dürfe es nicht mehr infrage gestellt werden.

Somit werden Erklärungsmodelle zu kollektivem Wissen. Das Kollektiv stellt nichts infrage. Kollektives Wissen kann bestenfalls nur durch einzelne, der Wahrheit verpflichtete Denker bezweifelt werden. Es ist gegen Veränderungen weitestgehend resistent.

Eine deutliche Resistenz gibt es meiner Meinung nach auch, wenn es um jenes in Punkt 1 beschriebene Feld geht. Diese Resistenz ist nicht nur im Kollektiv zu beobachten, sondern bei den fortschrittlichsten Wissenschaftlern unserer Zeit. Wie sonst ließe sich erklären, dass sie mit ihren Forschungen nicht weiterkommen? Ist die Lichtgeschwindigkeit nun variabel, oder gibt

20 „Im Physikunterricht werden Modelle verwendet, um den Lernenden einen besseren Zugang zu wissenschaftlichen Konzepten zu bieten. Visualisierungen dieser Modelle ergeben sich aus einem komplexen Zusammenspiel aus Reduktion und Fokussierung auf wesentliche Elemente. Modelle und deren Visualisierungen bilden auf allen Komplexitätsstufen einen wesentlichen Grundpfeiler beim Lehren und Lernen von Physik." Institut für Didaktik der Physik (Uni Münster)

es Bewegungen im All, die schneller sind als das Licht? Lässt das mysteriöse Feld unendlich schnelle Bewegungen zu, sodass die in Punkt 2 erwähnten Teilchen unabhängig von ihrer Distanz zueinander gleichzeitig reagieren?

Ich bin kein Wissenschaftler, sondern nur ein logisch Denkender. Ich weiß, dass Einstein gesagt haben soll, dass die gesamte Schöpfung lediglich aus zwei Komponenten besteht: Energie und Information.

Energie und Information

Wenn ich mich bemühe, mir die Komponente Energie einzeln vorzustellen, erkenne ich, dass es mir unmöglich ist. Bei jeder Vorstellung von einer Größe, Farbe, Form oder Eigenschaft hätte ich ihr schon eine Information gegeben. Sie kann für mich selbst in ihrer abstrakten Version in meinem Kopf nur sichtbar werden, wenn ich sie mit Eigenschaften versehe. In meinem Weltverständnis handelt es sich hier um nichts anderes als das, was allgemein als freie Energie bezeichnet wird, informations-frei eben.

Mache ich nun das Gleiche mit der Einzelkomponente Information, geht es mir ähnlich. Jede Form von Information erschließt sich mir erst dann, wenn ich an sie denke, ein Buch lese, einen Film schaue oder einem Menschen zuhöre. Mit anderen Worten: wenn ich Energie aufbringe. In meinem Weltverständnis handelt es sich hier um nichts anderes als das, was Rupert Sheldrake als morphische Felder bezeichnet, und in den Veden sprach man von Akasha.

Wenn Einstein sagt, dass unsere Schöpfung aus den beiden Komponenten Energie und Information besteht, dann stelle ich mir vor, dass unsere Realität so etwas wie eine Schnittmenge beider Komponenten ist. Wie der Begriff »In-Formation« andeutet, wird Energie in Form gebracht. Außerdem hält sie Energie »in Form«. Diese Schnittmenge, also unsere Wirklichkeit, kann jedoch immer nur das Hier und Jetzt sein, denn alles, was war, auch wenn es nur eine Minute her ist, befindet sich bereits ohne Energie im Informationsfeld. Ich muss Energie aufbringen, um mich an Vergangenes zu erinnern.

Ähnliches gilt für die Zukunft. Wir können Energie aufwenden, um uns eine Zukunft vorzustellen, doch deshalb ist sie noch lange nicht im Hier und Jetzt angekommen, weil es dazu mehr als nur mentale Energie braucht.

Stelle ich mir nun unser Raum-Zeit-Kontinuum (RZK) vor, dann habe ich gelernt, dass die Zeit nur im Raum existiert; und das erscheint mir logisch. Phänomene wie Entfernung, Bewegung, Geschwindigkeit gibt es nur in der dreidimensionalen Welt, in der Schnittmenge aus Energie und Information. Jenseits des RZKs gibt es weder Raum noch Zeit, nur Information und vermutlich eine völlig anders aufbereitete Art der Energie. Wenn ich aber davon ausgehe, dass beide Komponenten in ihrer Schnittmenge nach wie vor auch ihre ursprünglichen Eigenschaften behalten, dann ist jede Art von Information auch unabhängig von Raum und Zeit, d.h. zu jedem Zeitpunkt gleichzeitig an jedem Ort in unserer dreidimensionalen Welt verfügbar.

Die zwölf Dimensionen nach Burkard Heim

Dieses Phänomen deutet für mich auf eine oder mehrere Dimensionen hin, die über das RZK hinausgehen und deshalb für uns so extrem schwer verständlich sind. Das hat wiederum mit dem kollektiven Wissen zu tun, denn das kollektive Wissen wird von den Medien und etablierten Institutionen wie Schulen, Universitäten und auch der Kirche gefüttert. Wir haben deshalb gelernt, das, was uns die Wissenschaft nicht erklären kann, als Hirngespinste oder Illusionen zu verwerfen. Das Verständnis, dass wir tagtäglich auch im Wechselspiel mit anderen Dimensionen leben, ist uns völlig abhandengekommen.

Das wohl bekannteste Modell wurde von den Physikern Burkard Heim[21] und Walter Dröscher[22] beschrieben.

21 Burkhard Heim, deutscher Physiker (1925–2001)

22 Walter Dröscher, österreichischer Physiker, der die ursprünglichen sechs Dimensionen in Zusammenarbeit mit Burkhard Heim auf 12 erweiterte

Es ist ein verständliches Modell der Dimensionen unserer gesamten Realität. Das Besondere ihrer Arbeit ist jedoch, dass sie diese zwölf Dimensionen durch mathematische Berechnungen nachgewiesen haben. Demnach stellt das Raum-Zeit-Kontinuum die Dimensionen eins bis vier dar. Zu den weiteren acht Dimensionen gehören auch Informationsfelder und die Dimensionen des universellen Geistes. Bitte beachten Sie, dass auch dies nichts anderes ist als ein Modell.

Unsere Einbindung in höhere Dimensionen

Sie fragen sich, welche Beispiele es dafür gibt, dass wir auch mit den anderen Dimensionen verbunden sind und mit ihnen interagieren?
Es gibt unendlich viele, doch ich will Ihnen hier einige nennen:

Der erste Eindruck
Ab und zu passiert es mir, dass ich von einem Menschen einen falschen Eindruck hatte und meine Meinung zu ihm ändern musste. Jedes Mal erkenne ich dann, dass der erste Eindruck völlig korrekt war und meine Meinung zu ihm erst später entstanden ist. Seine Aussagen, sein Auftreten und sein Verhalten haben den ersten Eindruck überdeckt und vergessen lassen. Doch eben genau der erste Eindruck ist die Information, die ich direkt aus dem Feld erhalte. Sie ist unverfälscht und objektiv. Das gilt auch für Räume, die ich betrete. Sicher kennen Sie das auch in Ihrem Leben.

Telepathie
Ich denke intensiv an eine Person und nehme mir vor, sie bei der nächstbesten Möglichkeit anzurufen. Einige Minuten später werde ich von genau diesem Menschen angerufen. Oft passiert es mir auch, dass es keinen Klingelton gibt, wenn ich anrufe, und am anderen Ende höre ich die Frage: »Du bist es wirklich? Ich habe doch noch nicht die Anruftaste gedrückt!« Wir hatten zum selben Moment denselben Impuls.

Intuition

Was wir als Intuition bezeichnen, sind meines Erachtens Impulse aus dem Informationsfeld, die immer dann auf uns einwirken, wenn es um eine »Korrektur« unserer Wahrnehmung, unseres Verhaltens oder um Entscheidungen geht. Ich erkenne sie immer wieder als das Wirken jener »Kraft«, die ich auch gerne als mein höheres oder göttliches Selbst bezeichne. Weniger religiöse Menschen können sie auch ganz pragmatisch als Matrix bezeichnen. In meinen Augen reden wir alle von demselben Phänomen und geben ihm abhängig von unserem Bewusstseinsfeld unterschiedliche Namen.

Familienstellen

Das Familienstellen wurde von Bert Hellinger[23] entwickelt und ist ein Verfahren, bei dem Personen stellvertretend für Familienmitglieder als Gruppe entsprechend der Einschätzung des Klienten zueinander positioniert werden. Es dient zur Aufdeckung versteckter Dynamiken innerhalb eines Familienverbunds und deren Herkunftsfamilie.

Ich habe selbst an mindestens zweihundert solcher Aufstellungen teilgenommen und kann aus eigener Erfahrung sagen, dass ich als Stellvertreter für einen Vater oder Bruder in dem Moment mit der entsprechenden Information der Person verbunden war und Äußerungen von mir gab, die der Klient sofort als typisch erkannte. Doch nicht nur Aussagen, sondern auch Emotionen und energetische Reaktionen waren jedes Mal für mich wahrnehmbar.

Medium

Eine medial begabte Person (Medium) erhält Botschaften aus dem Informationsfeld. Häufig kommen sie in Form von Stimmen, inneren Bildern oder körperlichen Sensationen. Wenn diese Begabung nicht ausgebildet und verfeinert wird, sind sie für das Medium oft sehr belastend, weil sie in den meisten Fällen nicht willentlich herbeigeführt oder abgeschaltet werden können. Zur Ausbildung gehört unter anderem auch die Fähigkeit, zwi-

23 Bert Hellinger (1925–2019), deutscher Buchautor und Psychotherapeut, www.hellinger.com

schen tatsächlichen Botschaften aus den anderen Dimensionen und den Impulsen aus dem persönlichen Erleben des Mediums zu differenzieren.

Informationsfelder sind nicht messbar

In allen Beispielen wird deutlich, dass die ersten vier Dimensionen nicht ausreichen, um eine befriedigende Erklärung dafür zu finden. Die Informationsfelder sind eine Tatsache, und genauso klar ist mir, dass wir täglich und ganz selbstverständlich mit ihnen interagieren.

So verstehe ich auch, wie und warum Schamanen und Geistheiler ihre Arbeit machen. Sie haben gelernt, mit den Informationsfeldern zu kommunizieren, sie abzufragen und zu beeinflussen. Deshalb ist es ihnen möglich, Krankheiten zu erkennen, noch bevor sie im Körper in Erscheinung treten, weil sie sich im Informationsfeld bereits andeuten. Alles, was materiell werden will, ist im Informationsfeld längst erkennbar. Die meisten Schamanen und Geistheiler besitzen die Fähigkeit, Heilungsprozesse bereits im Feld durchzuführen und damit ein Erscheinen im Raum-Zeit-Kontinuum zu vermeiden.

Seit Urzeiten war das Informationsfeld als das prägende Element unserer Wirklichkeit anerkannt gewesen. Das jedenfalls bestätigen die meisten alten Schriften und Naturreligionen. Doch in unserer wissenschaftlich dominierten Welt wurde dieses Wissen mehr und mehr in den Hintergrund gedrängt und der Gebrauch des Feldes als Scharlatanerie verunglimpft.

Dies ist völlig verständlich, weil Wissenschaftler nur anerkennen, was messbar und wiederholbar ist. Sie begrenzen sich damit auf das Raum-Zeit-Kontinuum, also auf die Welt der Erscheinungen, anstatt ihre Forschungen auf die Welt der Ursachen auszudehnen, die sich in den höheren Dimensionen befinden.

In letzter Zeit lebe ich mit dem Fokus auf jene unsichtbare Wirklichkeit. Ich versuche, das kosmische Netz feinster Fäden zu erkennen und zu deuten, die alles mit allem verbinden. Ich erkenne mich zunehmend als ein kosmisches, zwölfdimensionales Wesen, das wie durch unsichtbare Fäden mit anderen Menschen verbunden ist. Ich begreife, dass es eine mir eigene, ganz persönliche Signatur gibt. Wie bei einem QR-Code. Sicher kennen Sie das kleine Quadrat, in dem viele kleinere schwarze oder weiße Quadrate so spezifisch angeordnet sind, dass die Kamera unseres Smartphones mit einer geeigneten Software die Information erkennen und verarbeiten kann.

Sehen Sie, auch hier verwende ich Dinge aus der uns bekannten, dreidimensionalen Welt, um ein Phänomen in anderen Dimensionen verstehen zu können. Wir Menschen haben zurzeit keinen anderen Bezugsrahmen, weil in unserem Bewusstseinsfeld die Begriffe für andere Erklärungsmodelle fehlen.

Zurück zum QR-Code. Angenommen, jeder Mensch hat so etwas wie einen nicht physischen, feinstofflichen und ganz individuellen QR-Code, der für alle Menschen wie ein Erkennungsmerkmal funktioniert. Nun ist es aber so, dass die meisten keine Wahrnehmung für diesen Code haben, der sich beim »ersten Eindruck« übermittelt. Auch ist es so, dass sich dieser QR-Code mit jedem Gedanken, mit jedem Gefühl, mit jeder Erfahrung und jeder Absicht fortwährend verändert. Er ist nie ein unveränderliches Symbol, sondern so fließend wie das Leben selbst.

Und doch repräsentiert der Code ein komplettes Informationsfeld, das von Personen, die sich auf die Wahrnehmung innerhalb anderer Dimensionsbereiche spezialisiert haben, auslesbar ist.

Ich habe festgestellt, dass es mir mit der Zeit immer besser gelingt, solche Informationen wahrzunehmen, seitdem ich verstanden habe, dass die formgebenden Elemente unserer erlebten Wirklichkeit zunächst im unsichtbaren, feinstofflichen Feld entstehen, bevor sie in Erscheinung treten.

Radionik

Die Entstehungsgeschichte der Radionik

Die Radionik ist ein Verfahren, mit Informationsfeldern zu kommunizieren.

Der Vater der Radionik war der Mediziner Dr. Albert Abrams, ein angesehener Professor an der berühmten Stanford University in San Francisco. Er war außerdem Präsident der »Medizinisch-chirurgischen Gesellschaft von San Francisco«.

Abrams konnte anhand von Klopfgeräuschen auf der Bauchdecke seiner Patienten genauestens diagnostizieren, welches Organ erkrankt war und ob es sich um Unter- oder Überfunktionen des Organs handelte. Im Laufe seiner Praxis hatte er Patienten, deren Bauchdecke zu empfindlich war, als dass er sie hätte beklopfen können. Dann bat er seine Assistentin, die Hand des Patienten zu halten und klopfte die Bauchdecke der Assistentin ab. Seine Diagnosen waren dadurch nicht weniger korrekt. Es gab aber auch Patienten, die weiter weg wohnten und nicht in seine Praxis kommen konnten. Die bat er, ihm einen Blutstropfen zu schicken, und mit dem Blutstropfen in der Hand der Assistentin konnte er genauso zutreffend diagnostizieren.

Abrams entwickelte ein Instrument, das aus mehreren Widerstandsreglern bestand, eine Eingangsschale für Blutstropfen hatte und eine Kautschukfläche, über die er sanft mit seinen Fingern strich, während er einen Blutstropfen durch Verändern der Widerstände analysierte. Wenn er die richtige Einstellung traf, spürte er auf der Kautschukoberfläche einen leichten Widerstand. So fand er im Laufe der Zeit die korrekten Einstellungen für jedes gesunde Organ, die er als Raten bezeichnete. Wenn er bei seinen Patienten ein Organ fand, das in der Über- oder Unterfunktion war, kehrte er den Informationsfluss einfach um und sendete die Rate für ein korrektes Funktionieren an den Blutstropfen. Mit diesem Verfahren pflegte er seine Patienten zu heilen.

Damit hatte er das erste Radionikgerät entwickelt, und heute gibt es unzählige solcher Geräte von unterschiedlichen Herstellern, die inzwischen aufgrund anderer Übertragungsformen (Weißes Rauschen, Teslaspulen) keiner Kautschukfläche mehr bedürfen, sondern vollständig computergesteuert funktionieren. Die meisten dieser Geräte werden mit mehreren zehntausend Raten geliefert, auf die die Software zugreifen kann.

Radionikgeräte kommen heutzutage in der Human- und Veterinärmedizin, in der Landwirtschaft sowie bei Heilpraktikern, Therapeuten und Coaches zum Einsatz.

Nun werden Sie nicht überrascht sein, dass Abrams und sein Verfahren sehr schnell von den etablierten Medizinern und der Pharmaindustrie angegriffen und er selbst verunglimpft wurde. Die Gründe sind offensichtlich, denn für die Heilung mithilfe der Radionik bedarf es keiner Medikamente. Das war natürlich schon damals nicht im Interesse der Pharmaindustrie.

Die Radionik ist bis heute nicht offiziell anerkannt und wird nach wie vor als esoterische Scharlatanerie abgetan. Gleichzeitig jedoch wird die Radionik zum Beispiel zur Herstellung homöopathischer Mittel und Blütenessenzen jeder Art eingesetzt. Persönlich habe ich damit nur die besten Erfahrungen gemacht. Meine beiden jüngsten Kinder sind in Portugal ohne Arzt gesund aufgewachsen und wurden bei Bedarf mit homöopathischen Mitteln von einem pensionierten Apotheker vor Ort versorgt, der seine Mittel radionisch erzeugt hatte.

In der klassischen englischsprachigen Literatur wird die Radionik als Kommunikationsinstrument für das Ätherfeld bezeichnet. Das Ätherfeld galt damals als das formgebende Medium für alles Materielle. Im Dimensionskonzept von Burkhard Heim wären das wohl die Ebenen fünf und sechs, möglicherweise auch die von sieben und acht.

Der Vorgang der radionischen Prägung

Dieses Buch wäre nicht vollständig, wenn ich Ihnen nicht auch beschreiben würde, wie wir bei Swiss Harmony unsere Produkte mit den Informationen »bestücken«, die zum Beispiel unseren Ring zum BioRing machen.

Sehr wichtig ist dabei, dass unsere Produkte aus merkfähigen Materialien bestehen. Sie haben nämlich die Eigenschaft, dass sie ihre aufgeprägten Informationen unter normalen Umständen nicht verlieren. Nur die radionische Löschung und ein Schock durch einen möglichen Fall auf harten Boden können die Prägung aufheben.

Wir verwenden unterschiedliche Materialien, mehrheitlich jedoch Karbon und Quarzsand. Wichtig ist ebenfalls, dass die Masse der merkfähigen Materialien in einem angemessenen Verhältnis zu dem Energiesystem steht, das sie beeinflussen sollen.

Unsere PhoneCard war zum Beispiel lange Zeit auch für die Entstörung von Handys wirksam. Mit der zunehmenden Einführung von leistungsstarken Smartphones erhielten wir jedoch viele Rückmeldungen von sensiblen Kunden, die berichteten, dass die PhoneCard zwar nicht ohne Wirkung bliebe, jedoch keine vollständige Entstörung zu beobachten sei.

Der Fall war klar. Die PhoneCard war zu klein. Deshalb entwickelten wir den BioPatch, der über mehr merkfähige Masse verfügt. Daraufhin waren auch unsere sensiblen Kunden wieder zufrieden.

Der Vorgang der radionischen Prägung findet in einem hierfür speziell eingerichteten Raum statt, in dem sich kaum elektrische Installationen befinden. Hier bilden das Radionikgerät und die angeschlossenen Teslaspulen das Herzstück.

Die Durchführung der Prägung ist neben meinem Sohn nur zwei Mitarbeiterinnen vorbehalten. Dabei ist wichtig, dass sich der Prägende in einem Zustand bedingungsloser Liebe befindet und mit seinem Herzen am Vorgang beteiligt ist. Wir sind davon überzeugt, dass diese innere Vorbereitung einen wesentlichen Beitrag zur Wirksamkeit unserer Produkte leistet.

Sobald sich das zu prägende Objekt auf der Teslaspule befindet, werden zunächst alle möglichen Informationen radionisch gelöscht. Anschließend wählen wir die speziellen Raten aus, die wir übertragen wollen.

Neben den Werten für das sichtbare Lichtspektrum, die selbstverständlich unser Firmengeheimnis bleiben, fügen wir je nach Produkt weitere Raten hinzu. Für alle Produkte sind es Raten zur Förderung von Erkenntnisprozessen, Raten der Dankbarkeit und eine Rate »zum Besten des Ganzen«.

Andere Produkte wie der CarTuner haben einsatzspezifische Raten, die sich auf den Verbrennungsprozess des Motors auswirken.

Jede Prägung erfordert eine genau festgelegte Zeitspanne. Nach Ablauf dieser Zeit werden die Produkte versandfähig verpackt.

Das Lichtspektrum

Wenn Energie auf Information trifft, beginnt sie zu schwingen. Wenn diese Schwingung materiell in Erscheinung tritt, erkennen wir sie als messbare, elektromagnetische Schwingung. Was es braucht, damit sie materiell wird und nicht im Ätherfeld, den Dimensionsebenen x5 oder x6, bleibt, weiß niemand. Genau diesen Übergang ins Raum-Zeit-Kontinuum hat bis heute kein Wissenschaftler erforschen und beschreiben können. Hier handelt es sich immer noch um eines der unerforschten Geheimnisse des Lebens.

Das Spektrum der messbaren elektromagnetischen Schwingungen reicht von relativ langen Wellen mit geringerer Frequenz, wie wir sie bei Radiofrequenzen vorfinden, bis hin zu extrem kurzen Wellen mit hoher Frequenz, zum Beispiel die Röntgenstrahlung.

Das heilsame, harmonische Schwingungsspektrum

Innerhalb dieses Spektrums befindet sich auch das Lichtspektrum. Es ist ein verschwindend kleiner Bereich mit Wellenlängen von ca. 390 bis 780 Nanometern, während das gesamte Spektrum von 10.000 Kilometern bis 0,01 Nanometern reicht. Es heißt deshalb Lichtspektrum, weil diese Frequenzen auf der materiellen Ebene als sichtbares Licht erscheinen. Genau dieser Frequenzbereich wirkt auf uns ein, wenn wir uns in der freien, unberührten Natur befinden. Es ist der Bereich, wo wir uns regenerieren, unsere Batterien wieder aufladen, wo Leben entsteht und gedeiht. Wir nennen ihn auch das harmonische Schwingungsspektrum.

An den entgegengesetzten Enden dieses Spektrums befinden sich die ultraviolette (UV) und die infrarote Strahlung. Beide Frequenzbereiche können in der richtigen Dosierung therapeutisch hochwirksam sein, sind aber in dem Moment äußerst schädlich, wenn wir uns ihr über längere Zeit aussetzen.

Die Schäden bei zu hoher UV-Bestrahlung werden auf der Webseite des Bundesamtes für Strahlenschutz (BfS)[24] gelistet:

*Es lassen sich **kurzfristige** (akute) und **langfristige** (chronische) Wirkungen unterscheiden. Erstere treten unmittelbar oder Minuten, Stunden und Tage nach UV-Belastung auf, während Letztere als Spätfolgen nach Jahren beziehungsweise Jahrzehnten sichtbar werden.*

Zu den akuten Effekten an den Augen gehören:

- *Hornhautentzündung (Photokeratitis),*
- *Bindehautentzündung (Photokonjunktivitis) sowie*
- *photochemische Netzhautschäden.*
- *An der Haut treten folgende akute Wirkungen auf:*

24 Webseite: bfs.de

- *Pigmentierung (Bräunung) der Haut mit Bildung einer Lichtschwiele,*
- *Hautrötung/Sonnenbrand (Erythem),*
- *Sonnenallergie sowie fototoxische Reaktionen*
- *Unterdrückung des Immunsystems (Immunsuppression) und*
- *Initiierung der Bildung des körpereigenen Vitamin D.*
- *Eine langfristige Wirkung auf die Augen ist die*
- *Linsentrübung (Grauer Star).*
- *Langfristige Wirkungen an der Haut sind*
- *vorzeitige Hautalterung und*
- *Hautkrebs.*

Eine übermäßige Infrarot-Bestrahlung kann laut BfS zum Hitzschlag und zu Schädigungen an der Netzhaut (Glasbläserstar) führen.

An dieser Stelle kommt bei mir unweigerlich die Frage auf, ob nicht alle anderen Frequenzbereiche, die außerhalb des sichtbaren Lichtspektrums liegen, auf die eine oder andere Art genauso schädlich für unsere Gesundheit sein können, wenn wir ihnen zu lange ausgesetzt sind. Im Falle des allseits vorhandenen Mobilfunks und angesichts der neuen 5G-Frequenzen wirken diese Einflüsse permanent, also ohne Pause oder irgendeiner Form der Dosierung, auf uns ein.

Ich zitiere ein zweites Mal Paracelsus: »Alle Dinge sind Gift und nichts ist ohne Gift. Allein die Dosis macht, dass ein Ding kein Gift ist.«

Die freie, unberührte Natur wird mehr und mehr zu einer unerfüllbaren Sehnsucht des Menschen.

Wenn der Mensch in die Knie geht

Extrem elektrosensibel. Was tun?

In unserer Praxis begegnen uns sehr viele Kunden, die unter einer extremen Elektrosensibilität leiden. In ihrer schlimmsten Konsequenz sind sie arbeitslos, haben alle sozialen Kontakte verloren und sind oft abhängig von den gesetzlichen Sozialleistungen. Wir haben drei Hauptgründe herausgefunden, die die Tendenz zur Extremsensibilität fördern:

Der erste Grund:
Der Mensch fühlt sich von Gott getrennt und glaubt, alleine auf dieser Erde um seine Existenz kämpfen zu müssen. Fremde Menschen und die Umwelt erscheinen ihm schnell feindselig.

Die Wirkung:
Es entstehen Ängste jeder Art: Existenzängste, Todesängste, Versagensängste, Verlustängste, etc. Ängste verändern unsere Körperchemie. Wir werden hormonell auf einen illusionären und ständig andauernden Kampf eingestellt. Depressionen stellen sich ein. Die ersten Symptome zeigen sich, und wenn sie nicht angemessen gedeutet und ganzheitlich behandelt werden, entwickeln sich chronische Krankheiten.

Der zweite Grund:
Der Einfluss der Medien auf sein Gemüt tut sein Übriges. Er liest von Kriegen und Terrorismus, von schrecklichen Mordfällen und Unwetterkatastrophen. Er sieht sich Action- und Horrorfilme an, um sich »zu entspannen«.

Die Wirkung:
In seinem Bewusstseinsfeld erhalten Mord und Totschlag, Verrat und Korruption, kurz alle destruktiven Merkmale unserer Gesellschaft eine Selbstverständlichkeit. Damit zeichnet er sich ein bedrohliches Bild von der Welt

und hält es auf diese Weise kollektiv aufrecht. Gleichzeitig stellt er es nicht infrage, weil es ja mit seiner Weltsicht (der erste Grund) übereinstimmt und seine Ängste bestätigt. Sein persönliches Seinsgefühl wird negativ und destruktiv eingefärbt. Das verbessert nicht gerade seine Körperchemie, sondern sorgt eher dafür, dass sich sein Gesamtzustand weiter verschlechtert. Seine geistige Verfassung ist in einem desaströsen Zustand.

Der dritte Grund:
Die Umweltbelastungen nehmen mit einer ungeheuren Geschwindigkeit zu. Nahrungsmittel und Trinkwasser enthalten möglicherweise Pestizide, Hormonrückstände, Salmonellen, Mikroben, Dioxin und radioaktive Elemente. Sehr viele Einrichtungsgegenstände wie Sofas, Gardinen, Teppiche sind in Chemikalien nahezu getränkt. Die Atemluft enthält in Ballungsräumen zu viel Ozon, Feinstaub und Stickstoffdioxid. Hinzu kommt der allseits vorhandene Elektrosmog, dessen Auswirkungen auf den menschlichen Körper tausendfach wissenschaftlich belegt sind.

Die Wirkung:
Ein geschwächter Körper in einem desaströsen Geist hat kaum genügend Energie, um mit all diesen Belastungen umzugehen. Therapien, Medikamente und andere Heilbehandlungen bleiben erfolglos. Der Mensch bleibt krank und gewöhnt sich daran, dass er nicht gesund ist. Krankheiten werden für ihn zu einem der beliebtesten und häufigsten Gesprächsthemen.

Ich habe diese Abfolge deshalb so formuliert, weil ich in meiner zehnjährigen Arbeit mit vielen Menschen zu tun hatte, die mitten im Burnout waren und/oder extrem elektrosensibel. Swiss Harmony hat eine Vielzahl von Extremsensiblen mit eigenen und auch fremden Produkten unterstützt und Therapien der unterschiedlichsten Art finanziert.

Ich bin nach all den Jahren zu der Überzeugung gekommen, dass der oben beschriebene Ablauf allgemeine Gültigkeit hat, das heißt auch für Erkrankungen verantwortlich ist, die ohne Elektrosmogbelastung entstehen können.

Unser erster Fall: extremsensibel und ohne Hoffnung

Zum allerersten Mal wurde ich auf Extremelektrosensible aufmerksam, als mich eine Kundin anrief und mir mitteilte, dass unsere Produkte nicht gut genug seien. Ich wollte es genauer wissen und führte ein langes Telefonat mit ihr. Sie erklärte mir, dass sie extrem elektrosensibel sei.

»Und was bedeutet das?«, fragte ich.

»Ich kann nicht in einem Raum mit jemandem sein, der ein Handy bei sich trägt. Ich kann in keinem Hotel übernachten, das ein WLAN-Netz hat«, war ihre Antwort.

»Und wie macht sich das bei Ihnen bemerkbar?«, wollte ich weiter wissen.

»Ich habe körperliche Schmerzen. Meist sind es unerträgliche Kopfschmerzen. Und dann verliere ich Energie. Ich werde immer schwächer und muss mich hinlegen.«

Ich war sehr überrascht. Davon hatte ich noch nie gehört. Ich wollte helfen und herausfinden, warum unsere Produkte bei dieser Kundin nicht den gewünschten Effekt erzielten, während 95 % unserer Kunden absolut glücklich waren.

»Wenn das so ist, würde ich gerne mit Ihnen an diesem Thema arbeiten. Vielleicht können wir ja doch helfen, wenn wir wissen, was Sie als Extremsensible von anderen belasteten Menschen unterscheidet«, bot ich ihr an.

Doch sie war davon nicht begeistert:

»Was können Sie schon dagegen tun? Ich habe schon alles ausprobiert und nichts hat geholfen. Mein ganzes Geld habe ich inzwischen für alle möglichen Produkte ausgegeben, doch ohne Erfolg. Warum sollte das bei Ihnen anders sein?«

»Wir würden Ihnen verschiedene Dinge zusenden und schauen, wie Sie darauf reagieren«, erwiderte ich und fügte noch hinzu: »Natürlich kostenlos, denn wir lernen dadurch sicher viel.«

»Wissen Sie, Herr Neubersch, haben Sie vielen Dank! Das ist sehr nett von Ihnen, doch ich bin inzwischen müde und will nichts mehr ausprobieren, mir nicht wieder neue Hoffnungen machen.«

Diese Erfahrung hat mich sehr beschäftigt, denn ich konnte mir nicht vorstellen, wie man extrem elektrosensibel wird und was es genau bedeutet. Ich war wild entschlossen, diese Herausforderung anzunehmen.

Unser zweiter Fall: Camillas Befreiung

Umso erfreuter war ich, als ich eines Tages von Camilla K. angerufen wurde. Sie erklärte sich als extrem elektrosensibel und suchte den Kontakt mit mir, weil sie von einer Leidensgenossin erfuhr, dass ich interessiert sei, Lösungen für Betroffene zu finden. Kurze Zeit später trafen wir uns am Zürichsee und unterhielten uns.

Camilla bestätigte mir die Aussagen ihrer Bekannten. Ich fragte sie, wie diese extreme Sensibilität entstanden sei und sie sagte: »Ich hatte viel Spaß an meinem Beruf und war ein freudvoller Mensch. Ich war selten krank und eigentlich war die Welt für mich völlig in Ordnung, bis ich an einem Wochenendseminar teilnahm. Ich saß in der letzten Reihe und irgendwann am Nachmittag bemerkte ich, dass der Akku meines Handys bald leer sein würde. Vorsorglich hatte ich ein Ladekabel in meiner Handtasche und so drehte ich mich um, um nach einer Steckdose zu suchen. Dabei fiel mir auf, dass direkt hinter mir an der Wand ein WLAN-Router angebracht war. Ich dachte mir nichts weiter dazu und richtete meine Aufmerksamkeit wieder auf den Seminarleiter.«

Sie machte eine Pause und schaute auf den See mit den vielen Segelbooten, die mit ihren weißen Segeln bis hin zur anderen Uferseite zu erkennen waren.

»In der folgenden Nacht ging es mir ganz schrecklich. Eine plötzliche Übelkeit ließ mich wach werden und ins Bad laufen, wo ich mich übergab. Ich hatte heftige Kopfschmerzen und kann mich nicht mehr erinnern, ob ich danach noch einschlafen konnte. Wissen Sie, es ist schon ein paar Jahre her, Herr Neubersch.«

»Glauben Sie denn, dass der Router Ihre Übelkeit ausgelöst hatte?«, wollte ich ungläubig wissen.

»Da bin ich mir ganz sicher! Denn nach dieser Nacht war nichts mehr so wie vorher.« Pause. Segelboote.

»Nämlich?«, hakte ich nach.

»Seitdem fiel mir das Einkaufen in Supermärkten schwer, und meine Arbeit hat mich jeden Tag heftig erschöpft, so wie ich es vorher nie gekannt hatte.«

»Wollen Sie damit sagen, dass Sie von einem Tag auf den anderen von unbelastet zu extremsensibel wechselten?«, fragte ich mit zweifelnder Stimme.

»Ja.«

Später sollte ich erkennen, dass Camilla kein Einzelfall war. Auch anderen Kunden passierte es plötzlich und ohne irgendeine Form der Ankündigung.

Wir haben des Weiteren gelernt, dass Extremsensible unterschiedlich auf Elektrosmog reagieren. Die meisten von ihnen erleben ihn augenblicklich als körperliche Belastung. Sie nehmen ihn als heftige Störung im Kopf wahr oder auch als Schmerzen in anderen Körperregionen. Andere spüren ihn nicht direkt, sondern reagieren meist erst Stunden später mit einem drastischen Energieverlust, der so weit geht, dass nur eine längere Bettruhe hilft.

Auch gibt es Unterschiede bezüglich der spezifischen Ursachen. Ich habe Kunden kennengelernt, die nur extrem auf Mobilfunknetze reagieren und weniger auf andere Formen des Elektrosmogs. Dann wiederum gibt es Personen, die empfindlicher für Niederfrequenzen sind.

Hilfreiche und weniger hilfreiche Maßnahmen

Camilla K. war für uns in den letzten fünf Jahren eine willkommene Testperson und wurde mir mit der Zeit zu einer guten Freundin. Sie hat verschiedene Therapien durchlaufen und Fremdprodukte getestet, die ich hier kurz auflisten will. Auch andere unserer extrem sensiblen Kunden haben von unserem Angebot Gebrauch gemacht.

1. Radionische Löschung der Zellinformationen in Bezug auf Umweltbelastungen
2. 150 MHz-Bewellung nach Dieter Broers
3. SanaZon-Sauerstofftherapie nach Sabine Linek
4. Tummo-Sadhana Seminar
5. Coaching durch das Beratungszentrum Berlin
6. NFS8 Naturfeldsimulator nach Dieter Broers
7. Installation von Calmspace, einem englischen Produkt, das wir als Ergänzung oder Ersatz für unsere Produkte einsetzten
8. Rückführung und Zellreprogrammierung

Nicht alle Maßnahmen brachten die erhofften Ergebnisse, einige hatten keinen spürbaren Effekt, wie zum Beispiel die radionische Ausleitung oder die Installation der Calmspace-Produkte. Andere Ansätze zeigten sich als berechtigte Hoffnungsträger wie zum Beispiel die SanaZon-Sauerstofftherapie nach Sabine Linek, der NFS8 Naturfeldsimulator nach Dieter Broers und eine Rückführungstherapie mit Zellreprogrammierung durch Yvonne Waldraff.

Selbstverständlich hat Camilla auch ihr Haus mit unseren Produkten harmonisiert. Lange vorher sorgte sie bereits für verschiedene Abschirmprodukte wie Gardinen, Wandfarbe und einem Baldachin für ihr Bett. Darüber hinaus verwendete sie auch Abschirmkleidung, weil ihre Energie ohne all dies innerhalb von wenigen Minuten erschöpft sein würde.

Zusätzlich probierte sie noch vieles andere aus. Folgende Schritte waren für sie besonders hilfreich:

- Gezieltes Einnehmen von Mikronährstoffen
- Generelle Entgiftung in einer Spezialklinik und weiterführende Entgiftung zuhause
- Amalgamentfernung
- Bioresonanz-Therapie
- Cranio-Sakral-Behandlungen

Doch sie arbeitete nicht nur auf der körperlichen Ebene. Heute betont sie, wie wichtig es für sie war, unbewusste und unaufgelöste Traumata zu erkennen und zu heilen.

In einer E-Mail vom März 2019 schrieb Camilla:
Die gute Nachricht ist, dass ich am letzten Donnerstag, 27.3.2019, das erste Mal seit 2009 wieder in einem gut mit Mobilfunk ausgerüsteten Skigebiet einen Tag lang ungehindert Skifahren und gemütliche Pausen im Restaurant machen konnte … und am Abend immer noch fit war! Meine Hilfsmittel waren gute Abschirmung, BioPatch, BioArmreif und die Auflösungsarbeit, an der ich immer noch dran bin. Mein Ziel ist Stärkung, daran setzte ich alles und ich werde es erreichen, wenn es mir gelingt, in Achtsamkeit auf den Körper zu hören.

Liebe Leserinnen und liebe Leser, mir ist wichtig, dass wir mit Camilla allen Betroffenen ein Beispiel dafür geben können, dass extreme Elektrosmogsensibilität nicht für immer sein muss. Sie hatte ab und zu auch depressive Phasen, was nur natürlich war, wenn es sich manchmal so anfühlte, als gäbe es keine Besserung. Doch sie gab nie auf, war immer voller Eigeninitiative und stets offen, Neues auszuprobieren.

Ich erinnere mich sehr gut, dass wir Anfang 2019 ein entscheidendes Telefonat führten, in dem ich versuchte, ihr meine Theorie näherzubringen, dass sie nicht genesen kann, solange sie davon überzeugt ist, von Gott getrennt oder verlassen zu sein. In meiner Erinnerung war die wichtigste Botschaft, sie möge versuchen, jeden einzelnen Moment als Geschenk in Dankbarkeit anzunehmen. Dies galt ganz besonders auch für ihre gesundheitliche Disposition, so schwierig es ihr auch fallen mochte. Die Logik war dabei ganz einfach, aber fundamental: Wenn ich Gott in mir habe, also Gott bin, dann ist immer alles perfekt. Wenn ich anders dächte, würde ich mich selbst, also Gott verraten. Wenn ich aber bereit bin, alles als perfekt in Dankbarkeit anzunehmen, weil ich es ja selbst erschaffen habe, dann kann ich von einer höheren Warte aus hinschauen und erkennen, welche Funktion ich mit dieser extremen Sensibilität für mich in meinem Leben gewählt habe.

Und im September 2019 schrieb sie:
Lieber Richard
Seit Kurzem habe ich mein Lächeln wiedergefunden:
Swiss Harmony hat mich dazu über 5 Jahre begleitet.
Swiss Harmony hat mich nicht aufgegeben.
Swiss Harmony habe ich im Innersten nie aufgegeben.
Nach über 10 Jahren kann ich wieder innerlich fröhlich lächeln.
Danke Richard
Für das gelungene Beratungszentrum gratuliere ich Euch herzlich. Wunderschön, mit Stil, Wärme und Kompetenz.
Sei herzlich umarmt.
mit tiefer Liebe
Camilla

Camilla ist bis heute unser einziges Beispiel für den erfolgreichen Umgang mit extremer Elektrosensibilität geblieben.

Die heimlichen Vorteile der Krankheit

»Kaum zu glauben, dass sie die Einzige ist«, sagen Sie sich jetzt vermutlich. Mir geht es ähnlich. Doch ich kann es mir erklären. Ich habe begriffen, dass es genauso viele Hintergründe für Krankheiten gibt, wie Menschen auf der Erde leben. Diese Hintergründe sind in beinahe allen Fällen nicht einmal für den Betroffenen erkennbar.

Woher wollen wir denn wissen, dass der Betroffene tatsächlich gesund werden will? Vielleicht zieht er einen gewissen Vorteil aus seiner Krankheit, ohne dass er es im Wachbewusstsein erkennt.

Sie glauben, so etwas gibt es nicht? Ich behaupte, dass die Mehrheit aller sogenannten Kranken einen persönlichen Nutzen aus ihrer Situation zieht. Eine große Palette möglicher Aspekte bietet sich an:

- Wunsch nach mehr Aufmerksamkeit
- Von anderen Menschen umsorgt werden
- Schuldgefühle bei anderen erzeugen
- Krankheit als Rache
- Krankheit als Fessel, um nicht verlassen zu werden
- Das Gefühl, besonders zu sein
- Krankheit als Form von Boykott

Ich vermute, dass es darüber hinaus auch noch karmische Hintergründe geben kann, die sich im Hier und Jetzt nur mithilfe von wenigen Spezialisten auflösen lassen.

Inzwischen haben wir bei Swiss Harmony aufgehört, extrem elektrosensible Kunden besonders zu unterstützen, weil es einfach nicht erkennbar ist, ob unser Gegenüber wirklich etwas ändern will oder nur ein Alibi braucht: »Ich hab's ja versucht.«

Unser Beratungszentrum in Berlin steht jedoch allen unseren Kunden zur Verfügung, egal, ob sie nun extremsensibel oder nur irgendwo steckengeblieben sind und Rat brauchen.

Sich selbst harmonisieren

Camilla K. ist ein Einzelfall in unserer Praxis geblieben. Wir kennen keinen anderen Kunden, der sich aus der extremen Elektrosensibilität herausentwickelt hat. Nur ihrem unermüdlichen Optimismus und ihrer Entschlossenheit, nicht aufzugeben, ist es zu verdanken, dass sie es geschafft hat. Dazu gehörte auch der Mut, alte Denkprozesse zu entlarven und sich dem Hier und Jetzt in ehrlicher Dankbarkeit hinzugeben.

In anderer Hinsicht ist Camilla K. alles andere als ein Einzelfall, weil die Zahl der Extremsensiblen deutlich ansteigt. Wir liegen sicher nicht falsch, wenn wir schätzen, dass mindestens 5 % der Bevölkerung betroffen sind, ob sie es nun wissen oder nicht. Vielen von ihnen ist die Rolle des Elektrosmogs nicht klar, und es wird ihnen erst dann offensichtlich, wenn ihr Arzt, Heilpraktiker oder Therapeut sie auf diese Möglichkeit hinweist.

Wir bemühen uns um entsprechende Aufklärung, weil wir dazu beitragen wollen, dass sich dieser Anteil nicht von Jahr zu Jahr erhöht und möglichst wenige Menschen in eine körperliche Ohnmacht fallen.

Sie erinnern sich: Erst kommt die mentale Ohnmacht. Wir geben unsere Eigenverantwortung ans Kollektiv ab, solange wir uns den Mainstream-Medien aussetzen, ihre Inhalte zu unseren werden lassen und die Fähigkeit zur kritischen Auseinandersetzung verlieren. Das ist mentale Ohnmacht. Die körperliche Ohnmacht, also die Extremsensibilität, ist nur die logische und zwangsläufig zur Materie gewordene Konsequenz.

Es geht um Vorsorge

Doch so weit müssen wir es nicht kommen lassen, denn es gibt Möglichkeiten, aus diesem kollektiven Bewusstseinsfeld auszuscheren. Einen großen Teil muss jeder Einzelne aus eigenem Antrieb dazu beitragen, nämlich seine Weltsicht mit frischem Denkansatz korrigieren. Dazu habe ich im vorigen Kapitel ausführliche Impulse gegeben.

Den anderen Teil können wir mit unseren Produkten liefern, denn sie übertragen das harmonische, sichtbare Lichtspektrum auf das Energiesystem des menschlichen Körpers. Warum das so ist, erkläre ich im folgenden Kapitel: Resonanz.

Unsere Produkte sind Informationsträger. Die Information besteht hauptsächlich aus jenen Frequenzen, die Sie in der freien, unberührten Natur umgeben. Diese Schwingungsinformation bezeichnen wir als Information der höheren Ordnung, weil Leben nur in diesem Frequenzbereich entstehen und gedeihen kann. Sie ist außerdem identisch mit dem ursprünglichen Frequenzfeld des Menschen und wirkt deshalb wie ein Herzschrittmacher: Sie gibt den Zellen das natürliche Schwingungsverhalten vor und erzeugt deshalb überall im Körper entsprechende Resonanzen. Wir beginnen, so harmonisch zu schwingen, als befänden wir uns in der Natur.

Wir haben beobachtet, dass sich das Phänomen Harmonie nicht nur dadurch zeigt, dass der Elektrosmog keine schädliche Wirkung mehr auf uns hat. Unsere Kunden melden uns mehrheitlich zurück, dass sie entspannter durchs Leben gehen und selbst in kritischen Situationen mehr Gelassenheit spüren. In der Praxis zeigt sich das im familiären Umfeld, wo selbst in Patchwork-Familien mehr Harmonie untereinander feststellbar wird.

Uns wurde auch berichtet, dass die Harmonisierung von Schulen, die wir kostenlos anbieten, zu einem Abbau von Aggressionen unter den Schülern und mehr Ruhe in den Klassenräumen führt. Auch in harmonisierten Hotels und Unternehmen ist unter den Mitarbeitern ein erhöhter Teamgeist zu beobachten.

Und so funktioniert die Harmonisierung

Sie fragen sich vielleicht, wie man sich diese Form der Harmonisierung vorstellen muss. Am leichtesten gelingt dies, wenn man sich daran erinnert, dass es ein Informationsfeld gibt, das außerhalb unserer Raum-Zeit existiert. Stoffliche, also messbare Erscheinungsformen sind bereits Materie gewordene Verbindungen aus Energie und Information, den beiden Komponenten unserer Raum-Zeit. Auch das Energiefeld des Körpers besteht aus messbaren Frequenzen. Wenn wir nun eine Schwingungsinformation der höheren Ordnung an dieses Energiesystem anlegen, übernimmt es diese Information und breitet sie im gesamten Wirkungsfeld des Systems, also im gesamten Körper aus. Jede einzelne Zelle beginnt, auf der Informationsebene harmonisch, also innerhalb des Frequenzbereiches des sichtbaren Lichtspektrums zu schwingen.

Nun passiert Folgendes:

- Da der Elektrosmog in einem harmonisch schwingenden Zellsystem keine Resonanzen erzeugen kann, also vom Zellbewusstsein unbemerkt bleibt, muss sich der Körper auch nicht mehr bemühen, gegen diese Belastung anzukämpfen. Er wird entlastet und verfügt nun über mehr Energie und freie Ressourcen, um in die gesundheitliche Balance zu kommen.
- Verschiedene chemische und physikalische Prozesse in den Chakren und Organen werden durch die Harmonisierung direkt positiv beeinflusst, wie wir es vor und nach dem Anlegen unserer Produkte durch Messungen mit einem HRV-Messgerät[25] feststellen konnten.

Die Resultate zeigen sich je nach der Disposition des einzelnen Menschen auf unterschiedliche Weise. Uns ist von folgenden, unmittelbaren Erfolgen berichtet worden:

- Sofortiges Gefühl der Entspannung und Leichtigkeit
- Deutliche Verbesserung der Schlafqualität
- Höhere Gelassenheit
- Ausbleiben von Erschöpfungsgefühlen am Tagesende
- Kopfschmerzen lösen sich auf
- Besseres Konzentrationsvermögen
- Tiefere Meditationszustände
- Rückenschmerzen verschwinden
- Tinnitus verschwindet

Nun muss hier jedoch erwähnt werden, dass es auch Kunden gibt, die keine deutliche Veränderung wahrnehmen. Erst beim genauen Hinschauen fällt

25 HRV = Herzratenvariabilität

ihnen vielleicht auf, dass ihr chronisches Räuspern verschwunden ist oder dass sich ihr Stuhlgang spürbar verbessert hat.

Meine eigenen Erfahrungen mit der BodyCard

Ich selbst gehöre auch zu den Personen, die keine direkte Veränderung spüren. Doch weiß ich aus Erfahrung, dass unsere Produkte ganz subtil für Veränderung sorgen, ohne dass ich beim Anlegen eine körperliche Sensation wahrnehmen würde. So habe ich im vergangenen Jahr in mindestens zwanzig verschiedenen Hotels übernachtet, ohne auch nur eine Nacht schlecht geschlafen zu haben. In einem Hotel befand sich der WLAN-Router direkt über meiner Zimmertür. Ich war schon ein wenig skeptisch, als ich ihn sah, doch ich verließ mich auf die Wirkung meines BioRings und hatte eine erholsame Nachtruhe.

In diesem Zusammenhang muss ich Ihnen meine erste Erfahrung in einem Hotelzimmer in der Nähe des Münchner Hauptbahnhofs schildern, wo ich zwei Nächte blieb. Es war vor etwa acht Jahren, als ich gerade die BodyCard entwickelt hatte. Mein Zimmer befand sich in der obersten Etage. Ich schaute aus dem Fenster und sah auf die Häuserreihe gegenüber, die höchstens zehn Meter entfernt stand. Ich staunte nicht schlecht, als ich auf dem Dach gegenüber, beinahe auf gleicher Höhe mit meinem Zimmer, eine fette Mobilfunk-Sendeanlage erkannte. Ich dachte: »Na, Gott sei Dank habe ich ja eine BodyCard bei mir«, steckte sie in meine Schlafanzughose und schlief wie ein Stein. Am nächsten Abend sah ich die BodyCard auf dem Schreibtisch liegen und entschied mich, ohne sie ins Bett zu steigen. Schließlich hatte ich ja bestens geschlafen.

Es war schrecklich. Ich wälzte mich unruhig im Halbschlaf. Mein Kopfkissen und das Laken waren nassgeschwitzt, und erst gegen drei Uhr war ich geistesgegenwärtig genug, aufzustehen und die BodyCard einzustecken.

Ich legte mich wieder ins Bett, und meine nächste Wahrnehmung war der Wecker, der um acht Uhr morgens klingelte.

Spätestens seit dieser Erfahrung war mir selbst klar, dass es keiner sofortigen Körpersensation bedarf, wenn man unsere Produkte benutzt. Sie wirken trotzdem.

Erstreaktionen

Manche Menschen reagieren zunächst anders auf eine Harmonisierung. Schlafstörungen können noch unangenehmer werden, Erkältungen oder andere Symptome tauchen eventuell auf, und der Eindruck mag entstehen, dass die Harmonisierung genau das Gegenteil des Erhofften auslöst. Doch hier handelt es sich um Erstreaktionen, wie man sie auch nach der Einnahme von homöopathischen Mitteln erwarten würde. In der Homöopathie gilt dies als Bestätigung für die korrekte Wahl des Mittels.

Ich erkläre es gerne mit dem Bild des Drahtseiltänzers. Er hält eine lange Stange waagerecht in den Händen, um auf dem Seil die Balance zu halten. So balanciert auch unser Körper die heftigen und permanenten Einflüsse des Elektrosmogs ständig aus. Fällt die Belastung durch die Harmonisierung plötzlich weg, ist auch die Balance zunächst gestört. Je nach Konstitution des Einzelnen zeigt sich diese Störung mehr oder weniger heftig. Doch es hat sich gezeigt, dass solche Reaktionen, wenn sie überhaupt auftreten, nach zwei Tagen abklingen. In Einzelfällen können es jedoch auch drei bis vier Wochen sein.

Verständlicherweise nutzt der Körper die freigewordene Energie, um sich selbst wieder in die gesundheitliche Balance zu bringen. Entgiftungsprozesse werden aktiviert, und möglicherweise tauchen alleine deshalb auch verschiedene Symptome auf, die ein Zeichen für verschiedene Krankheiten sein können, die sich aus dem Körper verabschieden.

Körperliche Harmonisierung mit einhergehender Genesung hat unserer Erfahrung nach auch immer eine psychisch-seelische Entsprechung. So können im Bewusstseinsfeld auch Erinnerungen an längst vergessene Ereignisse auftauchen, die häufig einen Hinweis auf unbewusst gespeicherte Traumata geben. Das macht Erkenntnisprozesse möglich, die zur Auflösung von seelischen Blockaden führen können.

Hieran wird deutlich, dass eine Harmonisierung immer auf allen Ebenen und in allen Dimensionen wirksam ist.

Hilft Swiss Harmony bei Virusinfektionen?

Wir haben in der jüngsten Vergangenheit gelernt, dass vornehmlich vorerkrankte Menschen mit verminderter Widerstandkraft an Vireninfektionen leiden und sogar sterben können.

Um es gleich vorweg zu sagen: Die Harmonisierung hat keinen Einfluss auf Viren oder Bakterien, weil es sich hier schließlich um Lebensformen handelt, die sich im natürlichen Umfeld, also im Schwingungsfeld des sichtbaren Lichts, durchaus wohl fühlen.

Doch unsere Produkte sorgen für einen besseren Verlauf einer solchen Infektion oder verhindern die Infektion bereits im Vorfeld, weil die Widerstandskraft stark genug ist.

Warum leiden so viele Menschen an einer verminderten Widerstandskraft? Wir wissen, dass die Gründe hauptsächlich beim ständig wachsenden Elektrosmog zu finden sind.

Es gibt inzwischen Tausende gut dokumentierter und hochwissenschaftlicher Studien, die belegen, dass die hochfrequente Mobilfunkstrahlung zu Symptomen und Krankheiten der unterschiedlichsten Art führen können. Erste Symptome sind in der Regel Kopfschmerzen, Konzentrationsmangel, Schlafstörungen, Schwindel.

Gleichzeitig vermindert sich die Widerstandskraft, weil der Elektrosmog die Bildung von Melatonin auf bis zu 40 % reduzieren kann. Melatonin ist das wichtigste Hormon, das für tiefen Schlaf und für die Stärkung unseres Immunsystems sorgt.

Die Mehrheit unserer Kunden meldet uns zurück, dass sie mit unseren Produkten besser aufgestellt sind. Sie fühlen sich entspannter, gelassener und unternehmungslustiger. Dies liegt natürlich daran, dass die völlig unterschätzte körperliche Belastung durch den Elektrosmog durch das Tragen unserer Produkte wegfällt.

Dadurch werden Energien im Körper freigesetzt, die vorher zum Ausgleich der Belastung benötigt waren.

Das Ergebnis ist ein stetiges Anwachsen der natürlichen Widerstandskraft.

Resonanz

Den Begriff kennt wohl jeder. Doch die wenigsten Menschen wissen, dass unsere gesamte Realität nur deshalb möglich ist, weil sich mehrere Schwingungen mit ähnlicher Frequenz ergänzen, also verstärken, oder komplett auslöschen können. Das trifft sowohl auf elektromagnetische als auch auf akustische und mechanische Schwingungen zu.

Ein Radio funktioniert nur deshalb, weil sein Frequenzmodulator, den man mit dem Knopf für die Sendersuche bedient, solche Frequenzen einstellen kann, die von den Antennen der jeweiligen Sender ausgestrahlt werden. Es entsteht Resonanz, das Signal wird empfangen und über die Lautsprecher weitergegeben.

Das Phänomen Resonanz finden wir jedoch nicht nur auf der physikalischen Ebene, sondern auch in den Informationsräumen, die sich außerhalb des Raum-Zeit-Kontinuums befinden. Ein geeignetes Beispiel ist das Lernen unserer Kinder in den Schulen. Sie lernen zum Beispiel das Zehnersystem der Mathematik, das in unserer Gesellschaft als Rechenbasis festgelegt wurde. Doch es gibt auch andere Systeme, zum Beispiel das Dualsystem. Wer nur das Dualsystem gelernt hat, kann sich mit einem Schüler des Zehnersystems nicht wirklich über Mathematik unterhalten. Es fließt nicht zwischen ihnen, weil es keine Resonanz gibt.

Ein Beispiel, das ich immer wieder gerne in meinen Vorträgen benutze, ist das Straßencafé. Stellen Sie sich vor, Sie sitzen an einer belebten Straße in der Sonne, trinken einen Cappuccino oder ein Glas Wein und unterhalten sich angeregt mit Ihrem Partner. Auf der anderen Straßenseite ruft ein Fußgänger recht laut: »Hey, Andreas!« Da weder Sie noch Ihr Partner Andreas heißen, haben Sie es möglicherweise gehört, doch sein Rufen hat bei Ihnen keine Resonanz ausgelöst. Sie unterhalten sich beide ungestört weiter. Doch was wäre gewesen, wenn jener Passant Ihren Vornamen gerufen hätte? Hätten Sie nicht sofort Ihre Unterhaltung abgebrochen und sich umgeschaut? Das ist erlebte Resonanz.

Wie häufig benutzen wir den Satz: »Er ist ja ganz nett, doch irgendwie ist er nicht auf meiner Wellenlänge.« Mit anderen Worten, wenn wir jemandem begegnen, den wir unsympathisch oder vielleicht nur uninteressant finden, entsteht keine Resonanz. Wir können nicht miteinander auskommen, nicht gleichschwingen.

Und hier noch ein letztes Beispiel, das mir früher immer wieder auffiel, wenn ich im Auto an einer Ampel stand und mein Motor sich so anders anhörte. Er schien lauter geworden zu sein und irgendwie wellenartig laut und leise zu tönen. Ein Blick in den Rückspiegel gab mir schnell die Erklärung. Ein LKW. Mein Motorengeräusch ging in Resonanz mit dem Geräusch des LKW-Motors, und das akustische Erlebnis war das Ergebnis einer Interferenz.

Resonanz ist ein wichtiger Faktor für das Funktionieren unserer Swiss Harmony Produkte. Er ist zunächst entscheidend, dafür, dass sich die Informationen unsere Produkte auf ein Energiesystem übertragen lassen. Zum anderen ist Resonanz die Erklärung dafür, dass unsere Kunden unempfänglich für die Frequenzen sind, die ihrer Gesundheit schaden könnten, weil sie nicht Teil des sichtbaren Lichtspektrums sind.

Was ist Smart Dust?

Was nach 5G kommt

Wie wird es nach der Einführung von 5G weitergehen? Die Antwort heißt: Smart Dust.

Ein Staub der besonderen Art ist im Begriff, unser Leben grundlegend zu verändern. Wenn Sie vielleicht noch nie vorher von Smart Dust (schlauer Staub) gehört haben, so ist er in gewisser Weise doch schon Wirklichkeit und findet sich bereits in verschiedenen Bereichen unseres Lebens.

Was ist Smart Dust?

Stellen Sie sich einen Computer vor, der nicht größer als ein Reiskorn ist. Er kann so ziemlich alles, denn er ist mit Sensoren gespickt, die Bewegung, Licht, Temperatur, chemische Stoffe registrieren und senden können. Sie können über eine eingebaute Kamera und ein Mikrofon verfügen, die ihre Umgebung aufnehmen, speichern und versenden. Ja, dieser mikroskopisch kleine Computer kann sich mit dem Internet verbinden, Daten senden und sie auch empfangen. Sie verfügen über miniaturisierte Prozessoren, Filter und Datenspeicher. Man nennt solche Gebilde im Englischen »MEMS«, eine Abkürzung für Micro-Electro-Mechanical Systems. Sie werden vereinfacht auch »Motes« genannt.

Schon in der Größe von Reiskörnern sind die Einsatzmöglichkeiten solcher MEMS schier unbegrenzt. In unterschiedlichen Varianten finden sie heute bereits Verwendung, ohne dass wir es wissen. Zum Beispiel finden wir sie in Smartphones, wo sie unter anderem als Gyroskop Bewegungsänderungen wahrnehmen und weitermelden. Im Autoreifen wachen sie über den korrekten Reifendruck und melden ans System, wenn er zu niedrig werden sollte. Es gibt auch medizinische Varianten in Herzschrittmachern oder zur Steuerung des Nervensystems, des Blutzuckerspiegels, etc.

Die Anfänge des Smart Dusts begannen bereits 1998 mit den Forschungen von Professor Kristofer Pister am Institut für Elektrotechnik und Informatik der Universität Berkeley, der auch den Namen »Smart Dust« geprägt hat. Beauftragt wurde er damals von der DARPA[26], der Forschungsabteilung des amerikanischen Verteidigungsministeriums.

Heute forschen und entwickeln weltweit bekannte Unternehmen[27] in diesem Feld, zum Beispiel Hitachi, Toshiba, IBM, Tesla, Bosch, Qualcomm. Insgesamt fand ich mehr als 300 Firmen und Universitäten in unterschiedlichen Ländern wie Deutschland, Schweiz und China und allen voran natürlich die USA.

Ziel ist es, MEMS zu entwickeln, die zehnmal kleiner sind als die Dicke eines menschlichen Haares. Sie werden sich selbst mit Energie versorgen, sich miteinander vernetzen können und Daten direkt über das Internet an ihren Anwender senden. Sie werden je nach Ausstattung interaktiv sein, also auch Befehle des Anwenders ausführen können.

Unbegrenzte Einsatzmöglichkeiten

Die Einsatzmöglichkeiten sind nahezu unbegrenzt und können unsere Lebens- und Arbeitsbedingungen deutlich verbessern. Es werden MEMS zur Anwendung kommen, die ausschließlich mit Sensoren der unterschiedlichsten Art (Helligkeit, Temperatur, Bewegung, Chemie, Dichte, etc.) ausgestattet sind und lediglich die Werte an eine zentrale Sammelstelle zu-

26 DARPA, Defense Advanced Research Projects Agency

27 https://www.ventureradar.com/keyword/MEMS

rückmelden. Auf diese Weise kann zum Beispiel die Luftverschmutzung in Straßen oder Gebäuden beobachtet werden. Brücken könnten mit Smart Dust ausgestattet sein, der schon erste Anzeichen von Materialversagen melden würde, noch bevor sie einsturzgefährdet sind. Das Gleiche gilt für Pipelines. Hier würde das kleinste Leck sofort registriert werden können und dazu noch seine genaue Position.

Im Bereich des Brandschutzes würden sich ungeheure Möglichkeiten anbieten, potenzielle Brände im Vorfeld zu erkennen, weil der Smart Dust sofort jeden ungewöhnlichen Temperaturanstieg melden würde. Waldbrände würden somit schneller erkannt und auch bekämpft werden können.

Auch in Fabriken und Büros dürfte Smart Dust sinnvolle Einsatzmöglichkeiten finden.

Ein besonders interessanter Bereich ist die Medizin, wo einzelne MEMS bereits zum Alltag gehören. Hier wird Smart Dust zukünftig unverzichtbar sein, zum Beispiel als Mess- und Diagnosemöglichkeit für jeden noch so kleinen Bereich im Körper bis hin zur Zelle. Man bedenke, dass MEMS der Zukunft sehr viel kleiner sein werden als eine Zelle. So können alle denkbaren biophysikalischen und biochemischen Prozesse präzise gemessen werden.

Zusätzlich zur reinen Sensorfunktion besitzen spezialisierte MEMS auch sogenannte Aktuatoren. Das heißt, dass sie auch direkt eingreifen können. Besondere Aufmerksamkeit gilt hier ihrem Einsatz im Nervensystem des Menschen. Sie können nicht nur erkennen, welche Gefühle oder Denkprozesse gerade im Menschen vorherrschen. Sie können sie auch steuern. Dies dürfte besonders hilfreich in Fällen von Demenz, Epilepsie, Schizophrenie und Parkinson sein, um nur einige Beispiele zu nennen.

Smart Dust wird vor allen Dingen beim Militär Verwendung finden. Immerhin kam der Forschungsauftrag für Professor Kristofer Pister vor zwanzig Jahren vom US-Militär. Hier reicht die Phantasie des Normalbürgers nicht mehr aus, um die strategischen Vorteile zu erkennen, die durch den Einsatz von Smart Dust erzielt würden.

Natürlich entsteht hier viel Raum für negative Assoziationen. Es widerstrebt mir jedoch, Szenarios zu beschreiben, die Ihnen, liebe Leserinnen und Leser, Angst machen könnten. Bitte vergessen Sie nicht, was ich in den früheren Kapiteln geschrieben habe. Ängste werden bewusst geschürt, um uns kollektiv »in Schach« zu halten.

Wenn ich von der Perfektion und Nützlichkeit eines Brotmessers schriebe und dabei auch erwähnte, dass es eine Schattenseite hat, nämlich die eines Mordinstruments, würde bei Ihnen sicher keine Angst entstehen.

Sie würden es ohne emotionale Reaktion einfach nur zur Kenntnis nehmen.

Was spiegeln uns die neuen Technologien?

An dieser Stelle muss noch ein anderer Aspekt unserer menschlichen Psyche betrachtet werden. Psychologen wissen, dass wir im Außen nur das erkennen können, was mit unserem Bewusstseinsfeld in Resonanz gehen kann. Ich kann das Böse nur sehen oder befürchten, wenn ich es auch in mir selbst habe.

Ich muss mich also fragen: »Wenn ich düstere Szenarien von totaler Kontrolle im Sinne von Orwells ‚1984' im Kopf habe und Angst in mir aufkommen lasse, was sagt es dann über mich aus? Könnte ich die Zukunft nicht auch positiv sehen, die vielen Vorteile durch den sinnvollen Einsatz von künstlicher Intelligenz und des Smart Dusts erkennen und es mir als segensreich für die Menschheit vorstellen? Endlich bekommen wir ein Brotmesser!«

Wir Menschen sind die Schöpfer unserer erlebten Wirklichkeit. Wenn wir in unserem Vertrauen auf das Gute im Menschen und auf die Perfektion des Lebens und seiner Evolution unerschütterlich bleiben, wird das Ergebnis immer zum Besten des Ganzen sein.

Unser Vertrauen wird auch dadurch bestärkt, dass es inzwischen genügend einflussreiche Menschen an den Schaltstellen der Macht gibt, die sich bereits aktiv und verantwortungsbewusst einbringen. Ernst zu nehmende Hinweise darauf gibt es bereits:

- Im Januar 2015 haben Teslas CEO, Elon Musk und der inzwischen verstorbene Physiker Stephen Hawking zusammen mit Dutzenden einflussreicher KI-Experten in einem offenen Brief vor den Gefahren des unbedachten Umgangs mit Künstlicher Intelligenz (KI) gewarnt.

- Im Juli 2018 veröffentlichte das »Future of Life Institut[28]« ein Dokument, in dem mehrere tausend KI-Wissenschaftler und -Ingenieure sich verpflichtet haben, mit ihrer Arbeit weder die Entwicklung noch die Herstellung, Verbreitung oder Anwendung von autonomen, tödlichen Waffen zu unterstützen. In kürzester Zeit haben sich mehr als 150 Firmen und Organisationen aus mehr als 30 Ländern sowie mehr als 2000 Einzelpersonen aus 90 Ländern mit ihrer Unterschrift angeschlossen. Das Future of Life Institut ist eine Einrichtung mit teilweise bekannten Schwergewichtlern im wissenschaftlichen Beirat, zu dem auch Stephen Hawking gehört hatte.

Es ist trotzdem zu erwarten, dass sich auch hier, wie schon bei 5G, heftiger öffentlicher Widerstand ergeben wird, der sich in Demonstrationen und in alternativen Medien organisiert. Doch ich gebe zu bedenken, dass jede Form von Feindbild nur zu einer Verstärkung desselben führt. Jede Form von Polarisierung intensiviert das Phänomen und bringt es noch effektiver in unsere physische Realität.

Ich lade Sie stattdessen ein, sich als göttliches Wesen zu erkennen und zu verstehen, dass wir uns für diese Realität entschieden haben, um ganz bestimmte Erfahrungen zu machen. Es geht nicht darum, die Realität abzulehnen, sondern sie in Dankbarkeit zu umarmen, denn sie ist auf einer

28 futureoflife.org

höheren Ebene immer perfekt. Somit geht es nur darum, zu beobachten. Wen oder was zu beobachten? Natürlich den Beobachter des Beobachters.

Nehmen Sie sich selbst wahr, wie Sie auf das äußere Geschehen reagieren, woher die Reaktionen kommen. Ist es vielleicht Ihr Ego, das nur Angst um sein Überleben hat, das sich provoziert und entmachtet fühlt? Oder nehmen Sie das Beobachtete tatsächlich nur als Information wahr, ohne dass es Bewertungen und Emotionen in Ihnen verursacht? Vielleicht spüren Sie aber auch die Neugierde Ihres höheren Selbst, die Faszination für das, was die Evolution, das Leben in uns und um uns hervorzubringen vermag.

Wissenschaftliche Forschungen

Testmöglichkeiten und Ergebnisse

Der Name unserer Firma lautet nicht ohne Grund Swiss Harmony, denn unsere Produkte harmonisieren die Energiesysteme, auf die sie Einfluss nehmen. In welchem Umfang diese Harmonisierung sich auswirkt, ist jedoch bis heute nicht vollständig erkannt. Selbstverständlich könnte man verschiedene Forschungsprojekte in Auftrag geben und sicher viel Interessantes dabei herausfinden, doch Forschungen sind extrem kostspielig, wenn sie nach wissenschaftlichen Maßstäben durchgeführt werden sollen, und unser kleiner Familienbetrieb hat diese Mittel einfach nicht zur Verfügung. Zu folgenden Themen haben wir eigene, bescheidene Versuche durchgeführt:

Physikalische und biologische Auswirkungen der Harmonisierung in Fahrzeugen mit Verbrennungsmotoren (Kraftstoffverbrauch, Emissionen, Gesundheit der Insassen)
Wir haben vor Jahren durch das angesehene Fachlabor Emission Analytics Ltd. in England herausgefunden, dass ein mit unserem CarTuner aus-

gestattetes Fahrzeug weniger Benzin verbraucht und geringere Emissionen ausstößt. Obwohl die Resultate als statistisch relevant bewertet wurden, ist dies keine Untersuchung gewesen, die wissenschaftlich anerkannt würde, weil es sich hier nur um ein einziges Fahrzeug gehandelt hatte. Diese eine Untersuchung war damals schon sehr kostspielig, und ein wissenschaftliches Projekt daraus zu machen, wäre für uns nach wie vor unwirtschaftlich. Wir haben allerdings Messungen mit unterschiedlichen Verfahren in Bezug auf die Gesundheit der Fahrer vorgenommen und in allen Fällen nachweisen können, dass die Versuchspersonen entspannter waren und mehr Energie hatten als nach Fahrten ohne CarTuner.[29]

Physikalische und biologische Auswirkungen der Harmonisierung auf Elektrofahrzeuge (Stromverbrauch, Gesundheit der Insassen)
Unsere Messungen in Elektrofahrzeugen haben ergeben, dass besonders die magnetischen Felder im Fahrgastraum erheblichen Schwankungen unterliegen. Jede Bremsung und Beschleunigung führte zu einem Anstieg der Messwerte bis über die Kapazität der Instrumente hinaus. Diese heftigen Schwankungen haben einen starken Einfluss auf die Gesundheit der Insassen, wie wir anhand dunkelfeldmikroskopischer Untersuchungen feststellen konnten. Nach Ausstattung des Fahrzeugs mit einem CarTuner und nur 12 Minuten Fahrt im harmonisierten Elektroauto zeigten die Blutbilder völlig gesunde Merkmale.

Physikalische und biologische Auswirkungen der Harmonisierung in Wohnbereichen (Feinstaubverteilung, Stromverbrauch, Gesundheit und Verhalten der Bewohner, Haltbarkeit und Nährwert von Lebensmitteln)
Wir haben immer wieder und ganz individuell Messungen vor und nach dem Einbau unserer BioTuner vorgenommen. Dabei sind verschiedene Messmethoden zum Einsatz gekommen. Das wohl aussagefähigste und anerkannteste Verfahren, das uns zur Verfügung stand, ist die Herzraten-Variabilitätsmessung. Hier können wir die Reaktionen des zentralen Nerven-

29 swissharmony.de/tests

systems, den Energiezustand des Körpers, den Zustand der Organe und Chakren sowie des biologischen Alters überprüfen. Alle Messungen zeigten uns, dass die Harmonisierung einen direkten und positiven Einfluss auf die Gesundheit der Bewohner hat.

Wir wissen, dass die Feinstaubverteilung nach der Harmonisierung verändert ist, weil uns viele Kunden, vor allem Asthmatiker, entsprechende Rückmeldungen gegeben haben. Andere Kunden haben uns zurückgemeldet, dass sie nach der Harmonisierung weniger Strom verbrauchen. Hier ist eine zuverlässige Messung aus offensichtlichen Gründen nicht wirklich durchführbar, doch unsere Kunden hatten ihren Stromverbrauch über Jahre genauestens kontrolliert und waren überrascht, dass ihre Rechnungen nach der Harmonisierung spürbar, nämlich um mehr als 10 %, reduziert waren.

Auffällig wurden uns auch Rückmeldungen von Kunden, die in Patchwork-Familien lebten. Sicher ist Ihnen der Begriff bekannt. Hier leben Kinder unterschiedlichen Alters in einem Familienverbund, in dem sie mit einem der Elternteile nicht blutsverwandt sind. Hier ist der Konfliktstoff naturgemäß latent explosiv. Nach einer Harmonisierung schwindet die Gefahr potenzieller Konflikte, und ganz im Gegenteil zeigen sich eher Gelassenheit und gegenseitiges Verständnis bei allen Familienmitgliedern.

Ein weiteres Feld für mögliche Forschungen bietet sich bei unseren mobilen Produkten an. Wie wirken sich der BioRing, der BioArmreif, die BodyCard und der BioPendant auf unsere Gesundheit aus? Hier hat das Institut für Resonanzphänomene die Veränderung des Hautwiderstands gemessen und nachgewiesen, dass die belastete Testperson mit unseren Produkten entspanntere Werte zeigte als bei der unbelasteten Erstmessung. Inzwischen gibt es Tausende von positiven Rückmeldungen unserer Kunden, die Ähnliches berichten. Müssen wir also noch wissenschaftliche Forschungen in Auftrag geben? Geht es nicht vielmehr darum, dass unsere Kunden ihre eigenen Erfahrungen machen?

Wem würden die wissenschaftlichen Forschungen nützen? Unseren Kunden sicher nicht, denn zu wissen, dass unsere Produkte zuverlässig wirken, führt nicht unbedingt dazu, dass sie auch im persönlichen Einzelfall wirken.

Hausharmonisierung und Schlaflosigkeit

Am Beispiel der Schlaflosigkeit lässt sich dies deutlich aufzeigen. Ein Kunde schrieb uns, dass seine Tochter nicht schlafen kann und sich ihr Gesundheitszustand von Monat zu Monat verschlechtert hat. Er wollte wissen, ob unsere Produkte helfen würden. Wir bestätigten ihm, dass eine Harmonisierung in der Regel für Abhilfe sorgen kann, und daraufhin ließ er sein Haus von uns harmonisieren.

Etwa zwei Monate später schrieb er uns, dass die Harmonisierung seiner Tochter nicht helfen konnte. Allerdings hätte eine Heilpraktikerin eine Überfunktion der Schilddrüse feststellen können, und nach einer kurzen Zeit der Einnahme von regulierenden homöopathischen Mitteln sei das Problem nun gelöst.

Ich schrieb ihm zurück und bot ihm an, dass er die Harmonisierung rückgängig machen könne, weil wir schließlich eine viermonatige Geld-Zurück-Garantie geben.

Seine Antwort war: »Lieber Herr Neubersch, wir wissen Ihre Firmenphilosophie sehr zu schätzen und sie war auch der Grund, warum wir uns für Ihr BioHome entschieden hatten. Natürlich hätten wir uns sehr gefreut, wenn die Harmonisierung zu einer sofortigen Besserung für meine Tochter geführt hätte. Nun, dies war nicht der Fall, doch stattdessen stellten meine Frau und ich fest, dass wir uns besser fühlten. Unsere Schlafqualität hat sich verbessert und wir machten noch verschiedene andere Beobachtungen: Das Obst, das länger frisch hält. Das Wasser, das deutlich weicher ist und besser schmeckt. Nein, Herr Neubersch, das BioHome werden wir nicht zurückgeben.«

Hier haben Sie den typischen Fall, der offensichtlich macht, dass jeder Einzelne unterschiedliche Reaktionen auf eine Harmonisierung zeigen kann. »Jeder Mensch ist seine eigene Art«, hat Rudolf Steiner einmal gesagt und meines Erachtens trifft das voll zu.

Wohnungsharmonisierung reguliert den Blutdruck

Herr und Frau Kranz gehörten zu meinen ersten Kunden in den Anfängen von Swiss Harmony. Sie litt unter hohem Blutdruck, er war eher antriebslos und hatte einen zu niedrigen Blutdruck. Beide nahmen täglich Tabletten, die ihr Arzt ihnen verschrieben hatte, um sich einigermaßen »normal« zu fühlen. Sie hatten sich für eine Harmonisierung interessiert, weil sie unter Schlafstörungen litten, was in ihrem Falle auch schon dadurch erklärbar war, dass sie beide bereits pensioniert waren und ermüdende Aktivitäten der Vergangenheit angehörten.

Ich hatte mit meinen Kunden und einem befreundeten Arzt, Dr. Bühler, besprochen, dass wir eine kleine Untersuchung vornehmen würden. Herr und Frau Kranz würden am Abend vor der Anbringung der BioTuner eine Speichel- und Urinprobe nehmen und an Dr. Bühler schicken. Anschließend sollten sie am selben Tag der Anbringung weitere Proben nehmen und abschicken. Die dritte Probeentnahme sollte eine Woche später und eine letzte nach vier Wochen erfolgen.

Nach der Analyse aller Proben resümierte Dr. Bühler:

»Nun haben wir die Ergebnisse. Sie zeigen eine gute Verbesserung bei den meisten Parametern. Den Werten nach könnte man vermuten, dass Herr Kranz möglicherweise leistungsfähiger und nicht mehr so müde sein könnte, während Frau Kranz sich evtl. etwas entspannter fühlt. Ich würde vermuten, dass beide ihre Blutdruckmittel absetzen oder ihre Einnahme zumindest reduzieren könnten.«

Einen Tag, bevor mich sein Schreiben erreichte, erhielt ich einen Anruf von Frau Kranz. Sie wollte wissen, ob Dr. Bühler schon von sich hat hören lassen. Dabei erwähnte sie erfreut, dass sowohl ihr Mann als auch sie selbst die Einnahme der Blutdruckmittel halbiert hatten. »Und das Schönste, Herr Neubersch, ist, dass mein Mann gestern einen dreiwöchigen Urlaub für uns gebucht hat. Das hat mich sehr gefreut und überrascht, denn Sie müssen wissen, dass wir in den letzten fünf Jahren nicht mehr verreist sind.«

Was hier deutlich wird, sind die individuell unterschiedlichen Auswirkungen, die bei Frau Kranz zu einer Reduzierung des Blutdrucks führten und bei ihrem Mann zu einer Erhöhung. Das lässt darauf schließen, dass eine Harmonisierung die Voraussetzung für eine gesunde Regulation durch die körpereigene Intelligenz ist.

Geld-Zurück-Garantie versus wissenschaftliche Studien

Solche Geschichten haben mich immer wieder in meiner Einstellung bestätigt, dass keine Form wissenschaftlicher Beweisführung zur Wirksamkeit unserer Produkte einen repräsentativen Charakter haben kann, weil die gelebte Wirklichkeit uns unaufhörlich darauf hinweist, dass jeder Mensch seine eigene Geschichte hat.

Somit besteht die einzige Sicherheit, die wir unseren Kunden geben können, nicht in Form wissenschaftlicher Nachweise, sondern in Form unserer viermonatigen Geld-Zurück-Garantie.

Unser Anliegen ist es, unsere Produkte als Lösungsmöglichkeiten anzubieten. Wenn die Lösung ausbleibt, muss der Kunde die Option haben, sein gesamtes Geld zurückzuerhalten.

Zwei Geschichten aus der Harmonisierungspraxis

Frau Brenner besiegt die Angst

»Herr Neubersch, erkennen Sie mich nicht mehr? Ich bin Lydia Brenner aus Mannheim.«

Ich sah sie genau an. Attraktiv. Dezentes weißes Kleid mit einem diagonalen Streifen aus großgemusterten roten und gelben Blumen. Ich schätzte sie auf Anfang fünfzig. Sie hatte mittellanges, rotblondes Haar, das ihr makelloses Gesicht liebevoll einrahmte. Ja, liebevoll. Das passt am besten, denn auch ihr Gesicht war eine einzige liebevolle Botschaft. Ihre blauen Augen vermittelten eine Klarheit und Offenheit, die man vielleicht als entwaffnend empfinden würde, doch ich sah in ihnen die Ewigkeit.

»Es tut mir leid, Frau Brenner, aber ich kann mich nicht erinnern.«

»Sie waren vor zwei Jahren bei uns zu Hause und haben unsere Wohnung harmonisiert.«

»Bitte verstehen Sie, Frau Brenner, dass ich damit noch keine Erinnerung an Sie habe. Schon gar nicht auf dieser Messe, wo mir so viele Kunden wiederbegegnen und sich zusätzlich neue Gesichter einprägen wollen. Aber ich bitte Sie, erzählen Sie mir von meinem Besuch bei Ihnen. Vielleicht kann ich mich dann erinnern.«

»Kein Problem, Herr Neubersch! Wenn Sie sich nicht erinnern, macht das gar nichts. Tatsächlich würde ich Ihnen gerne erzählen, was Ihr Besuch und die Harmonisierung ausgelöst haben.«

Frau Brenner weckte mein Interesse und ich lud sie auf einen Kaffee ein. Schon auf dem Weg zur Cafeteria, die auf der gegenüberliegenden Seite der Messehalle lag, begann sie zu erzählen.

»Ich hatte Sie damals kontaktiert, weil ich Sie im Internet gefunden hatte. Dort hatte ich mir ein Interview von Ihnen angeschaut. Ich weiß nicht mehr genau, wo ich es fand, doch ich erinnere mich gut an Ihre Worte. Sie hatten damals gesagt, Sie würden keine Produkte, sondern Lösungen anbieten. Ach ja, und Sie hatten hinzugefügt, dass Ihr Name Swiss Harmony Sie alleine schon dazu verpflichtet, dass jeder, der mit Ihnen zu tun hat, harmonische Erfahrungen macht.«

»Ja, das sage ich in verschiedenen Interviews, weil mir das sehr wichtig ist.«

»Mich hatte es dazu veranlasst, Sie anzuschreiben und um Ihren Besuch zu bitten.«

»Verstehe. Das freut mich natürlich.«

Wir bestellten an der Bar einen Kaffee und warteten.

»Warum ich mich überhaupt für Sie interessierte, lag an meiner Tochter, Sarah«, fuhr sie fort. »Vielleicht erinnern Sie sich an sie, denn sie war auch da und hat Sie begrüßt.«

»Wie alt ist Ihre Tochter?«

»Sie ist heute 26 Jahre alt. Sie wohnte bei mir, weil ich mich um sie kümmern wollte, denn sie hatte versucht, sich umzubringen.«

»Hatten Sie mir das damals erzählt?«

»Nein, Herr Neubersch, mir war das viel zu peinlich.«

»Hatten Sie sich deshalb für die Harmonisierung entschieden, weil Sie hofften, dass es Ihrer Tochter helfen könnte?«

Der Kaffee war fertig. Ich bezahlte und wir schauten uns um auf der Suche nach einem freien Tisch. Die Cafeteria war stark frequentiert und zunächst sah es so aus, als müssten wir unseren Kaffee im Stehen trinken. Doch dann sahen wir, wie sich ein Ehepaar an einem der Tische erhob und wir setzten uns sofort in Bewegung. Nun saßen wir an einem kleinen Tisch am Rande, wo sie fortfuhr.

»Wo waren wir? Ach ja! Meine Tochter. Nein, natürlich hatte ich die Harmonisierung nicht wegen der Gefährdung meiner Tochter bestellt. Doch sie litt schon seit ihrer Pubertät unter erheblichen Schlafstörungen. Wir waren damit bei allen möglichen Ärzten, bei Heilpraktikern und auch bei Psychologen. Niemand hat ihr helfen können. So blieb ihr nichts anderes übrig, als Schlaftabletten zu schlucken, wenn sie mal eine Nacht durchschlafen wollte. Wir hatten uns schon lange damit abgefunden, dass daran nichts zu ändern ist.«

»Auch Ihre Tochter?«, wollte ich wissen. Das konnte ich nur schwer glauben.

»Naja, zunächst hatte ich es geglaubt, doch irgendwann wurde immer klarer, dass sie langsam aber sicher in eine tiefe Depression verfiel. Auch hier konnte ihr kein Therapeut merklich weiterhelfen. Als eines Abends eine Veranstaltung ausfiel, entschied ich mich kurzerhand, meiner Tochter einen kleinen Besuch abzustatten, denn sie wohnte in unmittelbarer Nähe. Das war eine Fügung des Schicksals.«

»Wie meinen Sie das?«

»Ich rief Sarah vorher an, um mich anzukündigen, doch sie antwortete nicht. Als ich dann bei ihr klingelte, tat sich nichts. Ich hatte einen Schlüssel. Gott sei Dank! In ihrem Schlafzimmer fand ich sie dann. Ich sah nur die leeren Tablettenschachteln.«

»Sie hatte wohl den ewigen Schlaf gewählt.«

»Sie können sich gar nicht vorstellen, wie fertig ich war! Aber sie ist noch rechtzeitig gerettet worden. Wenn ich nicht bei ihr aufgetaucht wäre, würde sie heute nicht mehr leben.«

Ich sah sie voller Mitgefühl an. Ich wusste, dass es für Eltern nichts Schlimmeres gibt, als wenn ein Kind vor ihnen sterben muss.

»Und danach haben Sie sie zu sich geholt, Frau Brenner?«

»Ja, ich konnte sie doch nicht mehr alleine lassen. Ich war total verzweifelt und dachte, wenn ich nur einen Weg finden würde, ihre Schlafstörungen verschwinden zu lassen, denn mir war völlig klar, dass dies der eigentliche Grund für alles war.« Sie nahm einen Schluck Kaffee und setzte ihre Tasse vorsichtig ab.

»Ich fing an, im Internet zu suchen und fand irgendwo einen Hinweis darauf, dass der Elektrosmog die Ursache sein könnte. Ich googelte weiter und stieß dann auf Ihr Interview. Den Rest kennen Sie.«

»Nein, Frau Brenner! Noch kann ich mich nicht erinnern. Sie hatten ja damals nichts von dem Selbstmordversuch erzählt. Das hätte ich ganz sicher in Erinnerung behalten.«

»Stimmt! Aber sicher können Sie sich an unser Gespräch erinnern. Ich hatte zwar nichts vom Selbstmordversuch verlauten lassen, doch erzählte ich

Ihnen, dass Sarah heftige Depressionen hatte. Ich erzählte Ihnen auch, dass ich alleinerziehend war, weil mein Mann mich vor nunmehr sechs Jahren verlassen hatte. Und ich erzählte Ihnen, dass mein Beruf mich krank gemacht hatte.«

»Was machen Sie denn beruflich?«

»Ich war zu der Zeit Assistentin eines Abteilungsleiters in einem Fertigungsbetrieb. Mein Chef hatte mich täglich gemobbt und seinen Frust an mir abgelassen. Auch hatte er mich immer wieder anzüglich angesprochen und in peinliche Situationen gebracht.«

»Jetzt erinnere ich mich! Sie waren für seine PowerPoint-Präsentationen verantwortlich. Genau! Sie taten es eigentlich gern, weil Sie dort Ihre Kreativität ausdrücken konnten.«

»Wie schön, dass Sie sich jetzt erinnern!«

»Ich erinnere mich auch an Ihre Wohnung. Sehr modern mit vielen farblichen Akzenten, die eine ungewöhnliche Harmonie ausstrahlten. Besonders Ihr Wohnzimmer. Und jetzt habe ich auch ein Bild von Ihrer Tochter, die Ihnen wie aus dem Gesicht geschnitten war, wie eine jüngere Ausgabe von Ihnen und mindestens genauso hübsch.«

Sie lächelte und zeigte eine Spur von Verlegenheit. Eine Zeit lang sahen wir uns nur an. Dann sagte sie mit ruhiger Stimme:

»Sie haben die Wohnung harmonisiert und anschließend haben wir auch einen Kaffee getrunken. Das Gespräch, das wir dann führten, werde ich nie wieder vergessen.«

Ich schaute sie fragend an.

»Ich erzählte Ihnen von meiner Sorge um Sarah und dass sie vielleicht selbstmordgefährdet sein könnte. Das war natürlich auch immer noch meine Angst. Sie antworteten: ›Wenn Sie diese Angst nicht loslassen, tragen Sie selbst dazu bei, dass es so weit kommen könnte.‹ Ich wollte das nicht annehmen und Sie erklärten mir, dass wir alle in uns einen göttlichen Kern hätten, dass niemand von uns von Gott getrennt sei und es deshalb nicht den geringsten Grund für irgendeine Form von Angst gäbe. Sie sagten, Angst sei eine beabsichtigte Illusion, um uns klein zu halten.«

»Und das haben Sie nicht vergessen?«

»Nein, Herr Neubersch. Das konnte ich nicht vergessen. Ihre Worte waren damals tief in mich eingedrungen, weil Sie sie mit einer beispiellosen inneren Sicherheit gesprochen hatten, die ich noch nie vorher erlebt hatte. Ich wusste tief in meinem Innern, dass ich ganz genau zuhören sollte.«

Noch einen Schluck Kaffee. Auch ich griff verlegen zur Tasse.

»Sie sagten, dass wir unsere göttlichen Qualitäten vergessen und verlernt hätten, weil sie in unserer Gesellschaft nicht gewünscht sind, dass wir sie aber zum Leben erwecken können, wenn wir uns dafür entscheiden. Sie erklärten mir, dass das Leben für uns sorgt, so wie es für die inneren Abläufe in unserem Körper sorgt, wenn wir unser kleines Selbst nicht eingreifen lassen. Ich erinnere mich noch gut an Ihre letzten Worte an der Wohnungstüre: ›Vertrauen Sie, Frau Brenner! Alles ist immer perfekt und das Leben ist ein einziges Fest!‹ Gerade diese Worte sind mir wie ein Mantra immer wieder in den Sinn gekommen und ich hatte mich daraufhin entschieden, für jeden Moment dankbar zu sein, auch wenn es mir schwerfiel, weil ich die Perfektion des Moments nicht immer erkennen konnte.«

»Und? Ist Ihr Leben ein Fest?« Jetzt war ich neugierig geworden.

»Ich bin Ihnen so unendlich dankbar, denn Sie haben in mir etwas ausgelöst, das mein ganzes Leben verändert hat. Und nicht nur meines, sondern auch das Leben meiner Tochter.«

»Wie?«

»Seit der Harmonisierung konnte meine Tochter wieder ganz normal schlafen.«

Sie hielt einen Moment inne. Dann:

»Moment! Das stimmt nicht ganz. Die ersten Nächte waren schlimmer als sonst und ich war mir nicht sicher, ob die Harmonisierung die richtige Entscheidung war. Doch nach knapp einer Woche hatte sich alles verändert. Sarah schlief jede Nacht tief und fest durch. Sie war überglücklich und von Depression war seitdem keine Spur mehr. Sie lebt heute mit einem Mann zusammen, der seine Wohnung sofort harmonisieren ließ, nachdem ihm Sarah von ihrer Geschichte erzählt hatte. Klaus Amend in Ludwigshafen. Vielleicht erinnern Sie sich an ihn. Die beiden sind so glücklich miteinander. Ich weiß, dass es mit Ihren Worten zusammenhing, denn ich habe Sarah von unserem Gespräch erzählt und vor einem Jahr sagte sie mal zu mir: ›Mama, seitdem du mir das damals erzählt hast, erlebe ich alles ganz anders. Diese Dankbarkeit, von der du gesprochen hast, ist immer in mir. Und am meisten danke ich dir, weil du es mir gezeigt hast.‹«

Sie machte eine Pause.

»Wie schön, dass Ihre Tochter das so problemlos annehmen und für sich in ihrem Leben umsetzen konnte! Ich freue mich auch, dass die Harmonisierung helfen konnte. Das sind sehr gute Nachrichten, Frau Brenner. Danke, dass Sie mir das erzählt haben!«

»Müssen Sie jetzt gehen, Herr Neubersch? Das wär sehr schade, weil ich noch nicht fertig bin.«

Ich schaute sie verblüfft an.

»Noch mehr gute Nachrichten? Dann bleib ich gern.«

»Mein ganzes Leben hat sich gedreht, seitdem Sie bei mir waren. Meine Arbeit macht mir einen Heidenspaß und inzwischen erstelle ich Präsentationen für alle leitenden Mitarbeiter und sogar für den Inhaber.«

»Wie kam es denn dazu?« Ich ahnte es natürlich schon, doch ich wollte es aus ihrem Mund hören.

»Durch meine neue Lebenseinstellung konnte ich niemandem mehr irgendeinen Vorwurf machen, auf niemanden sauer sein, weil ich ja wusste, dass immer alles perfekt ist. Ich hatte Ihnen damals einfach geglaubt und mich deswegen innerlich bei jedem bedankt, der mit mir zu tun hatte; ganz gleich, welche Erfahrung ich mit ihm gemacht hatte. Das Ergebnis war, dass meine Kollegen und Vorgesetzten wie ausgewechselt wurden. Sie waren freundlich und entgegenkommend, zeigten mir ihre Wertschätzung und fragten mich sogar des Öfteren um meinen Rat. Innerhalb weniger Wochen wurde aus der Hölle ein Paradies. Es war wie magisch.«

»Mein Reden, Frau Brenner. Wir sind die Schöpfer unseres Lebens, und jeder Gedanke, jedes Gefühl hat eine Wirkung. Ich freue mich sehr für Sie!«

»Aber das Verrückteste kommt erst noch: Unser damaliges Gespräch ist ja entstanden, weil ich von meiner Angst sprach. Auch damit hatte ich mich intensiv beschäftigt. Irgendwie hatte Angst keinen Platz mehr in mir. Ich dachte mir, dass ich meine eigene göttliche Herkunft jedes Mal verraten würde, wenn ich irgendeine Form von Angst zulasse. Ich achtete peinlich genau auf jedes Zeichen, dass die Angst in mir ankündigte und dann habe ich mich stattdessen an mein neues Wissen erinnert. So konnte ich das Thema Angst sehr gut in den Griff bekommen. Und soll ich Ihnen etwas verraten? Heute lebe ich wieder mit meinem Mann zusammen.«

»Sie machen Witze! Ich erinnere mich noch, wie negativ Sie über ihn gesprochen hatten. Was ist denn passiert?«

»Natürlich habe ich die wichtigsten Ereignisse in meinem Leben häufig Revue passieren lassen und sie mit meinem neuen Wissen abgeglichen. Dabei ist mir aufgefallen, dass mein Mann mich damals immer Angsthase genannt hatte. Er machte mir häufig Vorwürfe, wenn ich seine Ideen und Vorschläge mit meinen Ängsten zunichtegemacht hatte. Plötzlich war mir klar, dass ich ihn aus meinem Leben vertrieben hatte. Das machte mich zunächst sehr traurig und ich fühlte mich miserabel. Doch dann nahm ich so etwas wie eine innere Stimme wahr, die sagte: ›Na und? Du bist doch der Schöpfer deines Lebens. Ändere es!‹«

Sie machte eine Pause, so als wolle sie ihren letzten Worten eine zusätzliche Wirkung geben. Ich beugte mich zu ihr vor und sah sie fasziniert an. Ich sagte:

»Ich verstehe. Das ist ja jetzt spannend. Und dann haben Sie ihm geschrieben?«

»Nein, zunächst nicht. Zunächst kam nur Angst. Ich malte mir aus, wie er mich abschmettern würde. Ich wusste, dass er eine neue Freundin hatte, die bei ihm lebte. Ich befürchtete, dass alles zu spät sei.«

Ich warf ein:

»Und da war sie wieder, die Angst.«

»Genau! Doch ich brauchte einige Tage, bis ich es begriff.«

»Das ist nur verständlich«, meinte ich. »Weil das Feld mit Ihrem Mann immer angstbesetzt gewesen war, kam sie mit der entsprechenden Wucht wieder auf Sie zu.«

»So habe ich das noch nie gesehen, aber sicher haben Sie Recht. Sobald ich mir meiner Angst bewusst wurde, war es ein Leichtes, sie zu überwinden, und so rief ich ihn an. Ich sagte ihm, dass mir einiges klar geworden sei und ich ihn um Verzeihung bitten wollte. Er schlug sofort vor, dass wir uns mal treffen und aussprechen.«

Sie nahm den letzten Schluck aus ihrer Tasse und ich schaute sie mit einem zufriedenen Lächeln an.

»Er gestand mir, dass er mich vom ersten Tag an vermisst hätte und seine Freundin nur ein schaler Ersatz für das war, was ich ihm bedeutete.«

Ich war sehr berührt. Wer hätte das gedacht? Nie hatte ich mir vorgestellt, dass meine Worte, die ich immer wieder mal meinen Kunden in Abschlussgesprächen gesagt hatte, Leben verändern würden.

»Liebe Frau Brenner! Ich bin Ihnen sehr dankbar für unser Gespräch. Sie haben mir deutlich gemacht, dass Worte wie Saatkörner sind, die lebensverändernd sein können, wenn sie auf fruchtbaren Boden fallen. Bei Ihnen war das der Fall und das freut mich ganz besonders.«

»Nein, Herr Neubersch! Ich bin Ihnen zu tiefstem Dank verpflichtet, denn Sie haben mir den Anstoß zu einem besseren Leben gegeben. Heute kann auch ich sagen: Das Leben ist ein einziges Fest!«

»Was glauben Sie, Frau Brenner, war damals die wichtigste Aussage für Sie?« fragte ich sie abschließend.

»Dass wir nicht von Gott getrennt leben und Angst eine Illusion ist, die wir uns selbst erschaffen und die uns daran hindert, unser wahres Potenzial zu leben.«

Die tote Großtante war der Täter

Die Sonne stand niedrig und blendete mich auf meiner Fahrt durch die tief verschneite Landschaft des Appenzeller Lands. Ich war auf dem Weg zu einer jungen Familie, die ihr Haus harmonisieren wollte.

Janine Wegener öffnete die Türe ihres Reihenhauses und führte mich hinauf ins Wohn- und Esszimmer. Ihr Mann, Sven, begrüßte mich freundlich, und auch ihre beiden Jungen, vielleicht acht und zehn Jahre alt, unterbrachen nach elterlicher Aufforderung ihre Kabbelei, um mir Guten Tag zu sagen. Bei Kaffee und Kuchen erklärten mir Janine und Sven ihre Gründe für meinen Besuch.

Janine schlief schlecht und hatte oft Schwierigkeiten, sich bei ihrer Arbeit zu konzentrieren. Sie regelte die Büroangelegenheiten ihres gemeinsamen Geschäftes, ein spezialisiertes Reisebüro, von zuhause aus. Doch am meisten sorgten sich die beiden um ihre Kinder, die beide Ritalin einnahmen, weil ihr Arzt ihre ausgelassenen und kaum zu bändigenden Energien als ADHS-Symptomatik diagnostiziert hatte. Mit Ritalin waren sie zwar ruhiger, sagten die Eltern, doch sie fühlten, dass dies keine Lösung für sie sein konnte. Sie vermuteten, dass es am Elektrosmog liegen könnte und wollten herausfinden, wie stark sie davon wirklich betroffen waren.

Meine Messungen schockierten sie beide. Ich benutzte zunächst das Messgerät für Hochfrequenzen, das die unterschiedlichen Belastungen mit einer je nach Quelle typischen akustischen Signatur hörbar macht. Wir hörten einen regelrechten Frequenzsalat, der ausgesprochen laut und unangenehm war. Die Lautstärke gibt einen Eindruck von der Intensität der Belastung. Ich konnte die einzelnen Quellen als Handymasten, Schnurlostelefone und WLAN ausmachen. Und dann gab es noch eine Signatur, die ich nicht kannte. Ein starkes Krachen, das etwa 20 Sekunden lang anhielt und dann verschwand, um in unregelmäßigen Abständen wieder hörbar zu werden. In beinahe jedem Zimmer ergab sich das gleiche Bild, doch am schlimmsten war es im Kinderzimmer der beiden Jungen.

Als Nächstes zeigte ich ihnen mit meinem anderen Gerät, wie stark die niederfrequenten elektrischen Felder im Schlafbereich waren. Auch hier gab es unangenehme Überraschungen, weil gerade die Kopfenden der Kinderbetten Werte zwischen 70 und 100 Voltmetern ergaben. Ich erklärte ihnen, dass 5 Voltmeter als absolute Obergrenze anzusehen sei und alles, was höher liegt, zu einer starken Gefährdung der Gesundheit führen kann. Auch in ihrem Elternschlafzimmer gab es deutlich erhöhte Werte, und so war klar, dass sie kaum abwarten konnten, dass ich meine Geräte installierte und die Harmonisierung aktivierte.

Erleichtert verabschiedeten sie sich von mir, denn Janine konnte die Wirkung der Harmonisierung sofort spüren. Sie sagte, sie fühle sich leichter im Kopf, so als wäre eine Art Schaumschicht von ihr gewichen.

Es war etwa drei Monate später, als sie mir eine Mail schickte und mir besorgt mitteilte, dass alles wieder beim Alten war. Sie könne nicht schlafen und die Kinder seien auch deutlich unruhiger. Ihrem Mann ginge es nach wie vor gut, doch er habe auch vorher keine Anzeichen einer Elektrosmogbelastung gezeigt. Ich rief sie an und fragte, ob sie vielleicht irgendwelche weiteren Maßnahmen zur Harmonisierung ergriffen hätte, die vielleicht störend sein könnten, doch sie versicherte mir, dass das Haus noch genauso sei, wie ich es verlassen hatte. Also besuchte ich sie noch in derselben Woche.

Tatsächlich konnte ich bestätigen, dass das harmonische Feld nicht mehr wirksam war. Dazu benutze ich einen Tensor, eine Einhandrute, mit der ich das feinstoffliche Feld überprüfen kann. Ich wechselte den KlimaTuner aus. Das ist das Gerät, das wir an die Stromzufuhr eines Hauses anlegen, um den Elektrosmog zu neutralisieren. Daraufhin zeigte mein Tensor die Existenz des harmonischen Feldes an. Janine war zufrieden und bedankte sich, indem sie mir Brote für den Rückweg zusteckte.

Nicht lange danach, wohl auch etwa drei Monate später, rief sie mich an. Es war ihr beinahe peinlich, mir sagen zu müssen, dass sie wieder schlecht schliefen, ihre Kinder unruhig seien und der KlimaTuner wohl nicht mehr funktionierte.

Ich machte mich zum dritten Mal auf den 200 km langen Weg ins Appenzeller Land und diesmal baute ich einen größeren KlimaTuner ein, weil ich mir keinen anderen Rat wusste.

Nach dem Einbau saßen wir noch in der Küche zusammen und tranken Kaffee. Plötzlich fiel mir auf, dass die Kinder, die bei meiner Ankunft noch in der Küche nervten, verschwunden waren. »Wo sind Ihre beiden Jungs?« fragte ich.

Sie antwortete: »Die werden jetzt wohl ganz friedlich in ihrem Kinderzimmer spielen. Jetzt, wo die Harmonisierung wieder funktioniert.« Sie lächelte und ich wollte es nicht glauben.

Beide gingen wir zum Kinderzimmer und schauten durch die Tür. Tatsächlich saßen beide auf dem Boden und spielten konzentriert mit Legofiguren.

Zufrieden machte ich mich auf den Rückweg.

Diesmal dauerte es ein halbes Jahr, bis Janine sich wieder meldete.

»Herr Neubersch, ich verstehe das nicht. Es ist schon wieder ausgefallen. Können Sie nicht ein noch größeres Gerät einbauen? Diesmal hat es ja ein wenig länger gehalten. Vielleicht braucht es ein noch größeres Teil.«

»Nein, Frau Wegener!«, antwortete ich. »Diesmal müssen wir das Problem anders angehen, denn die Größe des KlimaTuners kann nicht zum Ausfall der Harmonisierung führen. Ich kümmere mich und melde mich ganz schnell wieder bei Ihnen.«

Jetzt war es an der Zeit, dass ich Barbara einschaltete. Barbara Krick-Lux ist eine Therapeutin mit einer außergewöhnlichen medialen Begabung. Sie kann aus der Ferne Informationen aus bestimmten Feldern erhalten, wenn sie ein entsprechendes Foto oder andere Bezugsmöglichkeiten zum Informationsfeld hat. Im Prinzip ist sie in meinen Augen so etwas wie ein lebendes Radionikgerät.

Barbara bat mich um ein aktuelles Selfie von allen vier Familienmitgliedern, ihre Namen und Geburtsdaten. Sie brauchte außerdem die Anschrift meiner Kunden und ein Bild vom installierten KlimaTuner.

Ich rief Janine Wegener an und bat sie um die Bilder und Geburtsdaten, die sie mir am selben Tag noch schickte.

Nachdem ich alle Infos an Barbara weitergeleitet hatte, schrieb sie mir wenige Stunden später:

»Der KlimaTuner ist völlig in Ordnung. Die beiden Jungs und Herr Wegener sind nicht für den Ausfall verantwortlich. Die Erklärung liegt vermutlich bei Janine. Ich erhalte immer wieder den Hinweis: Großtante. Kannst du sie bitte fragen, ob sie in ihrem Leben eine Großtante hatte, die ihr nahestand?«

Ich schickte die Nachricht an Frau Wegener. Sie rief an: »Herr Neubersch, ich bin total überrascht und verwundert. Wie kann Ihre Mitarbeiterin wissen, dass ich eine Großtante hatte, die mir nahestand? Tatsächlich war meine Großtante meine Ersatzmutter. Sie hat mich großgezogen. Sie ist vor vielen Jahren schon verstorben.«

Ich meldete Barbara zurück, was ich erfahren hatte. »Prima!« schrieb sie daraufhin. »Dann machen wir dem Spuk heute Abend ein Ende. Smiley.«

Ich fand diese Aussage sehr mutig, leitete sie aber trotzdem an die Wegeners weiter.

Zwei Tage später rief Janine an.

»Herr Neubersch, ich bin Ihnen ja so dankbar! Sie glauben gar nicht, wie gut wir vorletzte Nacht geschlafen hatten. Meine Kinder waren am nächsten Morgen die Ruhe selbst. Es war herrlich. Ich traute dem Braten nicht und wollte noch eine weitere Nacht abwarten, bevor ich Ihnen berichte. Letzte Nacht war nicht anders. Wir alle schliefen wunderbar und seit gestern ist in unserem Haus ein Frieden, der noch viel spürbarer ist als in den ersten Wochen nach jeder neuen Harmonisierung. Bitte richten Sie auch Frau Krick-Lux meinen herzlichen Dank aus!«

Frau Wegener hat in den letzten zwei Jahren nicht mehr angerufen. Warum auch? Ihre Großtante, die als eine verlorene Seele in ihrem Haus gespukt und aus welchem Grund auch immer für den Ausfall der Harmonisierung gesorgt hatte, wurde von Barbara ins Licht geführt.

Nachwort

Natürlich ist dieses Buch völlig anders geworden als geplant. Na, Sie wissen sicher schon, warum. Immerhin haben Sie beim Lesen erkennen können, dass ich jede Art von Konzept weitestgehend vermeide und lieber den Impulsen im Hier und Jetzt den Vortritt lasse. Mein Ego hat sich schon gut daran gewöhnt.

Somit ist das vorliegende Werk kein Handbuch zum Schutz vor Elektrosmog geworden und auch keine literarische Firmenbroschüre. Und doch vermute ich, dass Sie als Leserinnen und Leser einen Eindruck von der Qualität des Geistes erhalten, der Swiss Harmony belebt und uns alle inspiriert.

Sollten Sie jedoch firmenspezifische Inhalte in diesem Buch vermissen, dann empfehle ich Ihnen, unsere Webseite zu besuchen. Wir haben uns große Mühe gegeben, so umfangreich zu informieren wie nur irgend möglich.

Wenn Sie dieses Buch tatsächlich in Händen halten und womöglich auch gelesen haben, dann wünsche ich Ihnen, dass die folgenden Saatkörner auf den fruchtbaren Acker Ihres göttlichen Selbst fallen werden und munter drauflos sprießen.

Ich formuliere diese Saatkörner als meine eigene Aussage, denn nur das sind sie. Sie sind die Essenz meiner 68-jährigen Lebenserfahrung. Ob sie auch für Sie anwendbar sind und auch Ihr Leben zum Fest werden lassen können, können nur Sie selbst herausfinden.

- Ich bin nicht von Gott getrennt, sondern bin Gott, wie jeder andere auch. Jeder von uns repräsentiert Aspekte und Qualitäten des göttlichen Bewusstseins, ganz gleich in welcher Form.

- Jede Form von Angst ist ein Hinweis darauf, dass ich vergessen habe, wer ich bin. Angst ist eine Kreation des Egos. Gott kennt keine Angst.

- Bewertungen und Vorlieben sind Ausdrucksformen meines kleinen Selbst, des Egos. Das ist weder gut noch schlecht, sondern perfekt, denn es gehört zum Leben dazu. Auch das kann sich als ein Weg zu wahrer Selbsterkenntnis herausstellen.

- Wenn ich vor einer Entscheidung stehe, ist die Zeit zum Handeln noch nicht reif oder ich habe keinen Zugang zu meinem göttlichen Selbst. Wenn ich ihn habe, bedarf es keiner Entscheidung, weil ich in aller Deutlichkeit spüre und weiß, was gelebt werden will.

- Die einzige Frage, die ich immer wieder neu entscheiden muss, lautet: »Folge ich den Impulsen meines Egos oder denen meines göttlichen Selbst?«

- Wenn ich nicht in der Lage bin, meine Lebensumstände und meine Gefühle im Hier und Jetzt in ehrlicher Dankbarkeit zu umarmen, verrate ich das Göttliche in mir, denn es sorgt unaufhörlich dafür, dass immer alles perfekt ist, auch wenn mein kleines Selbst es gerade nicht erkennen kann.

- Die meisten Krankheiten haben ihren Ursprung im Feinstofflichen, also in meinem geistig-seelischen Informationsfeld. Hier suche ich nach einer Erklärung für das, was sich im Grobstofflichen manifestiert hat.

Und als Schlussgedanke möchte ich Ihnen mit auf den Weg geben, dass immer alles perfekt ist. Vertrauen Sie darauf.

Vor allen Dingen sind auch Sie perfekt, so wie Sie jetzt gerade in diesem Augenblick sind. Durch Sie hat das göttliche Bewusstsein eine menschliche

Ausprägung erschaffen, die so einmalig ist, wie jede Schneeflocke sich von jeder anderen unterscheidet.

So kann ich Ihnen nicht einmal viel Glück und Erfolg auf Ihrem Weg wünschen, denn das ist ohnehin Ihr Geburtsrecht.

Was mir zu wünschen bleibt, ist:

Mögen Sie fortwährend im Zustand Ihres göttlichen Bewusstseins leben und möge Ihr Ego nicht Ihr Boss, sondern Ihr Diener sein.

Buchempfehlungen:

In deutscher Sprache:

Wolfgang Maes, Stress durch Strom und Strahlung, Verlag: Institut für Baubiologie + Nachhaltigkeit

David Wilcock. Der Synchronizitäts-Schlüssel, Kopp Verlag

Das Nullpunkt-Feld, Auf der Suche nach der kosmischen Ur-Energie, Lynne McTaggart, Goldmann

Du bist der Filmemacher, Peggy Rockteschel, PR Verlag

Die Metamorphose der Menschheit, Dieter Broers

Radionik und die beseelte Welt, Werner Kosmus und Andrea Mittl, Edition Co'med

Intelligente Zellen, Bruce Lipton, KOHA Verlag

Der Realitäts-Code, Gregg Braden, KOHA Verlag

Seelencoaching Mutmachbuch, Thomas Windelschmidt, Deutscher Verlag f. Bildung, Wissenschaft u. Forschung

Thank you for Calling, Mobilfunk kann ihre Gesundheit gefährden, Klaus Scheidsteger, emu-Verlag

In englischer Sprache:

I Am the Word: A Guide to the Consciousness of Man's Self in a Transitioning Time, Paul Selig, Random House

Webseiten-Empfehlungen:

swissharmony.de

diagnose-funk.org

emfdata.org/de (Studiendatenbank)

kompetenzinitiative.com/

ty4c.com/ (Thank you for calling, Film von Klaus Scheidsteger)

silentpower.org
(Yvonne Waldraff, Rückführungen und Zellreprogrammierung)

welt-im-wandel.tv

Michael Schott

Böses Erwachen

Künstliches Bewusstsein
Raub der Zukunft

€ 19,95

Festeinband, 264 S.

ISBN 978-3-941956-75-9

Unsere Augen sind weit geschlossen. Mit der Frage nach der Schaffung der künstlichen Intelligenz, bzw. des künstlichen Bewusstseins stößt ausgerechnet die moderne Computerwissenschaft in einen Themenbereich vor, der schon lange als Sammelbecken von Illusionen abgetan schien. Die aus dieser Sichtweise sprechende geistige Leere macht uns gegenüber dem Kommenden jedoch in jeder Hinsicht wehrlos. Für seine Bewältigung fehlt eine tragfähige Basis. Computer als bloße Rechenmaschinen anzusehen, ist eine der vielen gängigen Fehleinschätzungen. Es sind Sprachmaschinen, so wie das Programm und die Mathematik, auf denen sie basieren, Sprachen sind. Um unser Menschsein bewahren zu können, müssen wir geistig aufrüsten und zugleich Terrain betreten, das durch Denk- oder Redeverbote vermint ist oder als „Herrschaftswissen“ unerreichbar erscheint. Daran etwas zu ändern, hat sich der Autor mit diesem Buch zum Ziel gesetzt. Bewusstsein ist so allgegenwärtig, dass es sich nicht auf einen isolierten Raumpunkt reduzieren oder an einzelnen Ereignissen festmachen lässt, es stellt die Regel dar und ist kein Ausnahmephänomen. Hinzu kommt, dass es dem Sein vorausgeht, es begründet – und nicht umgekehrt, wie es heute propagiert wird.

Materie ist die Art und Weise, in der Bewusstsein zum Ausdruck kommt. Als Ebene von Form, Ordnung und Struktur ist sie zugleich die Ebene der Kommunikation und damit von Sprache. Die Wahrnehmung und Interpretation der uns umgebenden Welt entspricht dem, was wir tun, wenn wir hören oder lesen. Insofern ist auch Materie eine Sprache, die wir verstehen, indem wir die „Wörter“, die uns die Sinne übermitteln in die Bildersprache der Seele zurückübersetzen. In einer auch für Nichtfachleute gehaltenen Sprache zeigt das Buch, warum uns die Sprache der Mathematik eine bisher nie gekannte Macht über die Natur verliehen hat. Eine Macht, die zugleich korrumpiert: Immer weniger denken wir selbst – wir lassen denken. Unter dem Schmiedehammer des Wettbewerbs ist unser Bildungssystem darauf ausgelegt, bestimmte Fertigkeiten einzuüben, anstatt echtes Verstehen zu vermitteln. Das ist fatal, denn im Zuge der Entwicklung von künstlicher Intelligenz wird diese zunehmend autonom/unkontrollierbar. Dem Sprachkörper aus Formeln wachsen inzwischen Arme, Beine und vor allem ein Kopf. Wer hier schiebt und wer geschoben wird, das ist die Gretchefrage. Aber nicht nur aus dieser, sondern auch aus anderen Richtungen wird unser Menschsein heute bedroht. Wir müssen mehr in Zusammenhängen denken.

In diesem Buch geht es um die Artenvielfalt – auch um unsere eigene.

Dr. Rosalie Bertell
Kriegswaffe
Planet Erde

- immer noch zu meinen, daß „die da oben“ nur Gutes mit uns im Sinn haben.
- diese Figuren auch noch zu wählen, damit sie damit fortfahren können, uns und den ganzen Planeten in verbrecherischer Weise aufs Spiel setzen zu lassen.

Und: Lesen Sie das Buch der Trägerin des alternativen Nobelpreises, der amerikanischen Ärztin und Umweltaktivistin Rosalie Bertell.

Wenn Sie sich also nicht vollends lächerlich machen wollen, dann informieren Sie sich endlich! Das Buch dazu können Sie bald in den Händen halten!

Und wenn Ihnen noch einmal jemand sagt, Sie seien ja bloß ein „Verschwörungstheoretiker“, dann halten Sie ihm dieses Buch vor die Nase!

Alles ist machbar und wird längst gemacht! Oder haben Sie geglaubt, die Arktis taut wegen des CO_2 ab? Oder die Sowjets und die Amerikaner hätten nie gemeinsam gehandelt? Millionen Menschen - von Tieren, Pflanzen und Landschaften ganz zu schweigen - sind bereits Opfer von angeblichen Naturkatastrophen, die sich seit den siebziger Jahren verzehnfacht haben! Wollen Sie auch zu den Opfern gehören? Wollen Sie, z. B. über Ihre Versicherungsprämien, für Schäden aufkommen, die völlig überflüssigerweise entstanden bzw. absichtlich verursacht worden sind?

Oder wollen Sie gefragt werden, mitreden, anklagen, dafür sorgen, daß die Opfer zumindest nachträglich noch entschädigt werden, nachforschen, sich mit anderen zusammentun, dem Treiben möglichst umgehend ein Ende bereiten?

Wollen Sie warten, bis es wirklich zu spät ist?

Naturkatastrophen sind machbar. Gerade auch die großen. Und zwar seit Jahrzehnten. Merken Sie es auch langsam?

Es wird Zeit, daß bei jeder dieser Katastrophen Beweise dafür verlangt werden, daß diese natürlichen Ursprungs waren. Sie werden sich wundern, wie selten das möglich sein wird…

Wir haben nur diese eine Erde!

Die unter dem Titel „Kriegswaffe Planet Erde“ überarbeitete deutsche Übersetzung von „Planet Earth. The Latest Weapon of War“, die unter der Leitung von Prof. Dr. Claudia von Werlhof editiert wurde, können Sie nun bestellen.

Unsere Autorin ist Fachberaterin der Atomenergiebehörde „US Nuclear Regulatory Commission“, der Umweltschutzbehörde „US Environmental Protection Agency” und der kanadischen Gesundheitsorganisation „Health Canada”. Seit 1990 ist Dr. Rosalie Bertell Mitglied des wissenschaftlichen Beirats der gemeinsamen Kommission Kanadas und der USA, der „US-Canada International Joint Commission“ (IJC), Fachgruppen: Große Seen und Atomfragen. Gemeinsame Forschungsaktivitäten mit der Japanischen Vereinigung von Wissenschaftlern, dem Institut für Energie und Umweltforschung in Deutschland, der Bevölkerung des Rongelap-Atolls auf den Marshallinseln, der Konsumentenvereinigung von Penang in Malaysia, der indischen Vereinigung für Arbeitsschutz und Umweltfragen in Quilan sowie der philippinischen Bürgerinitiative „Citizens for Base Clean-Up“. Bertell war drei Mal Mitglied des Permanenten Völkertribunals und Leiterin der Internationalen Medizinischen Kommission von Bhopal und der Internationalen Ärzte-Kommission Tschernobyl in Wien (1996).